CYCLE 2

Français

Jean-Claude Landier
Professeur des écoles

Écris ton prénom

Présentation

Ce cahier aidera votre enfant à consolider ses acquis et à s'évaluer en **français** durant son année de **CE2**. En effet, il ne suffit pas d'apprendre ses leçons : il faut aussi pratiquer et s'entraîner.

▶ Chaque chapitre comporte quatre pages : une de **VOCABULAIRE**, une d'**ORTHOGRAPHE**, une de **GRAMMAIRE** et une de **CONJUGAISON**.

▶ Sur chaque page, une à trois notions sont traitées et expliquées.

▶ Les exercices reprennent de façon systématique toutes les notions abordées en classe.

▶ Ils assurent ainsi, par une mise en application répétée de la règle, une parfaite acquisition des connaissances et des savoir-faire attendus.

CONSEILS PARENTS
Insistez auprès de votre enfant pour qu'il prenne l'habitude, pour un questionnaire de lecture, de toujours répondre à une question en faisant une phrase complète.

Prononce les mots à haute voix pour savoir quel son tu dois orthographier.

■ Avant de commencer les exercices du cahier, votre enfant peut faire le **test de français** pages 4 et 5 pour évaluer son niveau. En fonction de ses résultats (page 6), et en consultant ensuite le sommaire de la page 3, vous pourrez repérer les notions à réviser en priorité. Il lui est également possible de travailler sur les chapitres dans l'ordre où ils sont proposés.

■ Sur chaque page, la **règle** est rappelée et accompagnée d'exemples. La rubrique 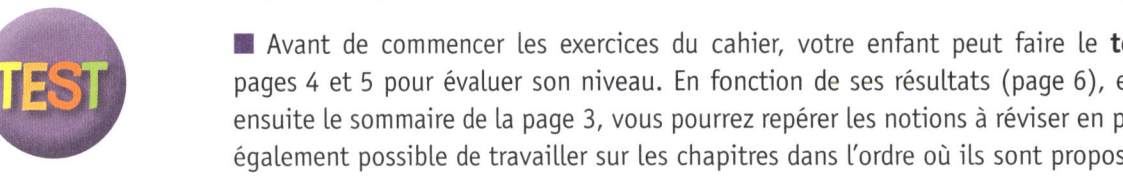 JE SAIS DÉJÀ vous rappelle les connaissances déjà acquises par votre enfant et nécessaires pour qu'il aborde sereinement la leçon de la rubrique JE COMPRENDS . Très souvent, un CONSEIL PARENTS vous donnera une information pour vous aider à accompagner votre enfant dans ses révisions : cela peut être un conseil pratique, ou des exemples à prendre dans la vie quotidienne…

■ Les **exercices** proposent un système de graduation avec une, deux ou trois étoiles indiquant leur **niveau de difficulté**. Ils reprennent méthodiquement la ou les notions abordées dans la page de manière à optimiser l'assimilation des connaissances. Une petite ASTUCE , sur fond bleu, donne régulièrement à votre enfant un coup de pouce pour l'aider à résoudre un exercice.

■ Au centre du cahier, les **corrigés détachables** permettent la vérification des acquis et l'évaluation des résultats par votre enfant seul ou aidé d'un adulte. Il pourra ensuite cocher au bas de chaque page la case verte s'il l'a très bien réussie, la case orange s'il l'a moyennement réussie ou la case rouge si ses erreurs sont nombreuses. Il peut ensuite reporter ce résultat dans le **tableau de bord** du cahier p. 3. Cela vous permettra de distinguer les notions bien acquises de celles qu'il est encore nécessaire d'approfondir, ce que votre enfant pourra faire grâce aux exercices supplémentaires et gratuits proposés sur le site www.hatier-entrainement.com.

■ Dans ce cahier, certains mots sont écrits selon les prérogatives du Ministère de l'Éducation nationale, recommandant d'appliquer la nouvelle orthographe. Par exemple, le mot « goûter » devra dorénavant s'écrire « gouter » ou encore le mot composé « des après-midi » s'écrira « des après-midis ». Dans le livret des corrigés, nous proposerons donc l'ancienne orthographe entre parenthèses juste derrière la nouvelle pour que vous puissiez mieux accompagner votre enfant dans cette démarche de simplification.

■ Sur les dernières pages de ce cahier, votre enfant trouvera un **Mémo** avec les conjugaisons des verbes qu'il doit impérativement connaitre.

© Hatier, 8 rue d'Assas, 75006 Paris • 2016 • ISBN : 978-2-218-99563-7
Conception graphique : Frédéric Jély • Édition : Imaginemos • Mise en page : STDI
• Conseils parents et astuces : Dominique Estève • Chouettes : Adrien Siroy.

Toute représentation, traduction, adaptation ou reproduction même partielle, par tous procédés, en tous pays, faite sans autorisation préalable est illicite et exposerait le contrevenant à des poursuites judiciaires.
Réf. : loi du 11 mars 1957, alinéas 2 et 3 de l'article 41.
Une représentation ou reproduction sans autorisation de l'éditeur ou du Centre français d'exploitation du droit de copie (20, rue des Grands-Augustins, 75006 Paris) constituerait une contrefaçon sanctionnée par les articles 425 et suivants du Code pénal.

Achevé d'imprimer chez Pollina à Luçon - L25140 - France
Dépôt légal 99563 7/01 - Avril 2016.

Ton tableau de bord

Reporte la date à laquelle tu as fini chaque page d'exercices et coche la case ☐☐☐ qui correspond à ton résultat.

#	VOCABULAIRE		DATE	ORTHOGRAPHE		DATE	GRAMMAIRE		DATE	CONJUGAISON		DATE
1	Les différents sens d'un mot	p. 8		Révisions des sons « in, an, on, ien, ail, eil, euil »	p. 9		La phrase	p. 10		Reconnaître un verbe : l'infinitif	p. 11	
2	Le sens d'un mot dans une phrase	p. 12		Les lettres c, s et g	p. 13		La ponctuation	p. 14		Le passé, le présent et le futur	p. 15	
3	Comment se servir d'un dictionnaire	p. 16		m devant m, b ou p • s ou ss	p. 17		Le nom • Le groupe nominal • Noms communs, noms propres	p. 18		Le présent des verbes en -er	p. 19	
4	La définition d'un mot	p. 20		x ou cc • Les accents	p. 21		L'adjectif qualificatif	p. 22		Le présent des verbes avoir et être	p. 23	
5	Les synonymes	p. 24		on - ont • et - est • a - à	p. 25		Le singulier et le pluriel	p. 26		Le présent des autres verbes	p. 27	
6	Les mots de sens contraire	p. 28		son - sont • mes - mais	p. 29		Le masculin et le féminin	p. 30		Les participes passés	p. 31	
7	Les homonymes	p. 32		ce, cet, cette, ces • ce - se	p. 33		Le groupe sujet • La relation sujet-verbe	p. 34		Le passé composé	p. 35	
8	Les préfixes	p. 36		ces - ses • c'est - s'est • -er ou -é à la fin des verbes	p. 37		La phrase négative	p. 38		Le futur des verbes en -er et en -ir	p. 39	
9	Les suffixes	p. 40		Le pluriel des noms	p. 41		La phrase interrogative	p. 42		Le futur des autres verbes	p. 43	
10	Les familles de mots	p. 44		Le pluriel des adjectifs	p. 45		La phrase exclamative	p. 46		Le passé proche • Le futur proche	p. 47	
11	Le mot précis	p. 48		Le féminin des noms	p. 49		Le groupe complément	p. 50		L'imparfait des verbes en -er et en -ir	p. 51	
12	Les comparaisons	p. 52		Le féminin des adjectifs qualificatifs	p. 53		Les pronoms personnels compléments du verbe	p. 54		L'imparfait des verbes avoir et être	p. 55	
13	Le langage poétique	p. 56		Le participe passé employé avec le verbe être	p. 57		Le groupe complément déplaçable	p. 58		L'imparfait des autres verbes	p. 59	
14	Les jeux avec les mots	p. 60		leur - leurs • ou - où	p. 61		Le complément du nom	p. 62		Employer le passé composé ou l'imparfait	p. 63	

Mémo Chouette ...... p. 64

Corrigés .... dans le livret détachable au centre du cahier.

« Chouette bilan » : rendez-vous sur le site www.hatier-entrainement.com pour faire le bilan de tes connaissances en FRANÇAIS CE2 !

TEST

Avant de commencer les activités de ton cahier, réponds à ces questions. Puis consulte le tableau page 6 pour découvrir les résultats de ton test de français !

1 Le mot **frais** peut avoir plusieurs sens.
VRAI ☐   FAUX ☐

2 On peut écrire : **sont chien**.
VRAI ☐   FAUX ☐

3 On peut écrire : **Quelle heure est-il ?**
VRAI ☐   FAUX ☐

4 Au futur, on écrit : **je mangerai**.
VRAI ☐   FAUX ☐

5 Ces mots suivent l'ordre alphabétique :
pilote, **repas**, **ourson**, **valise**.
VRAI ☐   FAUX ☐

6 Le pluriel des noms en **-al** est en **-aux**.
VRAI ☐   FAUX ☐

7 Cette phrase est bien ponctuée : **Que tu es beau ?**
VRAI ☐   FAUX ☐

8 Au futur, il ne faut pas confondre la 1re et la 3e personne du pluriel.
VRAI ☐   FAUX ☐

9 Les mots repères en haut des pages du dictionnaire sont le premier et le dernier de la page.
VRAI ☐   FAUX ☐

10 On écrit **des carnavals**.
VRAI ☐   FAUX ☐

11 **Une échelle en bois**. Le complément du nom est « en bois ».
VRAI ☐   FAUX ☐

12 Au passé composé, le verbe conjugué est composé de **2 mots**.
VRAI ☐   FAUX ☐

13 Un **dictionnaire** indique le contraire d'un mot.
VRAI ☐   FAUX ☐

14 Il faut ajouter un **-u** derrière la lettre **g** devant **e** et **i** pour obtenir le son « **j** ».
VRAI ☐   FAUX ☐

15 **Tu ne manges pas assez**. C'est une phrase à la forme affirmative.
VRAI ☐   FAUX ☐

16 Un verbe à l'infinitif se termine toujours en **-er**.
VRAI ☐   FAUX ☐

17 Les synonymes s'écrivent pareil.
VRAI ☐   FAUX ☐

18 Certains noms se terminent par un **-x** au pluriel.
VRAI ☐   FAUX ☐

19 **Toutes les classes regarderont le match**. Le mot souligné est le verbe de la phrase.
VRAI ☐   FAUX ☐

20 On peut écrire : **Pierre et Joseph rangeaient immédiatement votre chambre**.
VRAI ☐   FAUX ☐

21 Les homonymes ont le même sens.
VRAI ☐   FAUX ☐

22 Il y a au moins 3 manières d'écrire le son « **s** ».
VRAI ☐   FAUX ☐

23 **Viendrez-vous à l'heure ?** Le mot souligné est le sujet du verbe de la phrase.
VRAI ☐   FAUX ☐

24 Après le mot **hier**, le verbe est conjugué au présent.
VRAI ☐   FAUX ☐

25 Les lettres soulignées sont des préfixes : **revoir**, **défaire**, **immobile**.
VRAI ☐   FAUX ☐

26 La marque du féminin d'un adjectif qualificatif est souvent la lettre **e**.
VRAI ☐   FAUX ☐

27 **Un vent violent a déraciné les arbres**. Le mot souligné est un nom.
VRAI ☐   FAUX ☐

28 **Je jouais au tennis**. L'action a lieu dans le passé.
VRAI ☐   FAUX ☐

29 Un **suffixe** est à la fin d'un mot.
VRAI ☐   FAUX ☐

30 **Leur** devant un verbe prend toujours un **-s**.
VRAI ☐   FAUX ☐

31 Il faut une **majuscule** aux noms de fleuve.
VRAI ☐   FAUX ☐

32 Il faut écrire : **Nathalie et moi jouons du violon**.
VRAI ☐   FAUX ☐

33 Les mots **air**, **aérien**, **aérer** appartiennent à la même famille.
VRAI ☐   FAUX ☐

34 Le participe passé employé avec **être** s'accorde en genre et en nombre avec le sujet du verbe.
VRAI ☐   FAUX ☐

35 **Mon, ton, son** sont des déterminants.
VRAI ☐   FAUX ☐

36 Au présent, le verbe **venir** se conjugue comme le verbe **tenir**.
VRAI ☐   FAUX ☐

37 On peut remplacer l'expression **faire un plat** par **cuisiner un plat**.
VRAI ☐   FAUX ☐

38 Il ne faut pas confondre l'infinitif des verbes du premier groupe et leur participe passé.
VRAI ☐   FAUX ☐

39 **Elle** remplace un nom masculin.
VRAI ☐   FAUX ☐

40 Le participe passé des verbes du 3e groupe ne se termine jamais par une consonne.
VRAI ☐   FAUX ☐

41 **Un boulevard, un quartier, une ruelle** sont des mots qui appartiennent au vocabulaire de la ville.
VRAI ☐   FAUX ☐

42 **Antoine et Pierre montes dans le bus**. Il n'y a aucune erreur d'accord dans cette phrase.
VRAI ☐   FAUX ☐

43 **J'ai une vieille voiture**. Le mot souligné est un adjectif qualificatif.
VRAI ☐   FAUX ☐

44 On emploie toujours l'auxiliaire **avoir** au passé composé.
VRAI ☐   FAUX ☐

45 **Laid** est le contraire de **petit**.
VRAI ☐   FAUX ☐

46 **Je suis partie au marché**. C'est maman qui parle.
VRAI ☐   FAUX ☐

47 Tous les **groupes compléments** sont supprimables et déplaçables.
VRAI ☐   FAUX ☐

48 **Il vient de finir son travail**. L'action a lieu au présent.
VRAI ☐   FAUX ☐

49 Les exemples dans le dictionnaire sont écrits en italiques.
VRAI ☐   FAUX ☐

50 **Tu es mon amie. Mon amie** est un garçon.
VRAI ☐   FAUX ☐

51 Un groupe nominal comprend au moins un déterminant et un nom.
VRAI ☐   FAUX ☐

52 **Vous faites** est une forme conjuguée du verbe **faire**.
VRAI ☐   FAUX ☐

53 Un bucheron travaille avec un chevalet.
VRAI ☐   FAUX ☐

54 On doit écrire : Il **s'est** cassé la jambe.
VRAI ☐   FAUX ☐

55 **Dort-elle ?** est une phrase interrogative.
VRAI ☐   FAUX ☐

56 On écrit : **nous commencons**.
VRAI ☐   FAUX ☐

Résultats du test p. 6

Résultats du TEST

Si ta réponse est bonne, entoure le signe de couleur situé à côté.

#			#			#			#			#		
1	VRAI	■	13	FAUX	■	25	VRAI	■	37	VRAI	■	49	VRAI	■
2	FAUX	●	14	FAUX	●	26	VRAI	●	38	VRAI	●	50	FAUX	●
3	VRAI	◆	15	FAUX	◆	27	FAUX	◆	39	FAUX	◆	51	VRAI	◆
4	VRAI	▲	16	FAUX	▲	28	VRAI	▲	40	FAUX	▲	52	VRAI	▲
5	FAUX	■	17	FAUX	■	29	VRAI	■	41	VRAI	■	53	FAUX	■
6	VRAI	●	18	VRAI	●	30	FAUX	●	42	FAUX	●	54	VRAI	●
7	FAUX	◆	19	VRAI	◆	31	VRAI	◆	43	VRAI	◆	55	VRAI	◆
8	VRAI	▲	20	FAUX	▲	32	VRAI	▲	44	FAUX	▲	56	FAUX	▲
9	VRAI	■	21	FAUX	■	33	VRAI	■	45	FAUX	■			
10	VRAI	●	22	VRAI	●	34	VRAI	●	46	VRAI	●			
11	VRAI	◆	23	VRAI	◆	35	VRAI	◆	47	FAUX	◆			
12	VRAI	▲	24	FAUX	▲	36	VRAI	▲	48	VRAI	▲			

VOCABULAIRE

Si tu as entre 10 et 14 ■ : Bravo ! Tu es un as en vocabulaire. Et tu vas apprendre encore plus avec ce cahier !

Si tu as entre 5 et 9 ■ : C'est bien ! Les exercices de ce cahier vont aussi te permettre de réviser des notions que tu avais peut-être oubliées.

Si tu as entre 1 et 4 ■ : Lis attentivement les leçons des pages VOCABULAIRE avant de faire les exercices qui suivent.

ORTHOGRAPHE

Si tu as entre 10 et 14 ● : Bravo ! Tu es un as en orthographe. Et tu vas apprendre encore plus avec ce cahier !

Si tu as entre 5 et 9 ● : C'est bien ! Les exercices de ce cahier vont aussi te permettre de réviser des notions que tu avais peut-être oubliées.

Si tu as entre 1 et 4 ● : Lis attentivement les leçons des pages ORTHOGRAPHE avant de faire les exercices qui suivent.

GRAMMAIRE

Si tu as entre 10 et 14 ◆ : Bravo ! Tu es un as en grammaire. Et tu vas apprendre encore plus avec ce cahier !

Si tu as entre 5 et 9 ◆ : C'est bien ! Les exercices de ce cahier vont aussi te permettre de réviser des notions que tu avais peut-être oubliées.

Si tu as entre 1 et 4 ◆ : Lis attentivement les leçons des pages GRAMMAIRE avant de faire les exercices qui suivent.

CONJUGAISON

Si tu as entre 10 et 14 ▲ : Bravo ! Tu es un as en conjugaison. Et tu vas apprendre encore plus avec ce cahier !

Si tu as entre 5 et 9 ▲ : C'est bien ! Les exercices de ce cahier vont aussi te permettre de réviser des notions que tu avais peut-être oubliées.

Si tu as entre 1 et 4 ▲ : Lis attentivement les leçons des pages CONJUGAISON avant de faire les exercices qui suivent.

Sur le site www.hatier-entrainement.com, tu trouveras d'autres exercices pour t'entraîner.

Bonjour !
Le français, ce n'est pas si compliqué !

C'est comme un jeu ! Il y a des règles – de grammaire, d'orthographe, de conjugaison – et du vocabulaire.

Une fois que tu les as apprises et retenues, tu n'as plus qu'à t'entrainer pour mettre en pratique tes connaissances.

Ce cahier va te permettre de progresser rapidement !

■ Chaque chapitre de ce cahier te propose 4 pages pour travailler sur les 4 **matières** de français.

 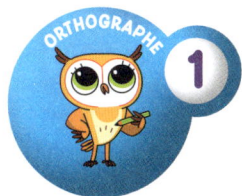  

■ Lis attentivement la **leçon** de l'encadré jaune avant de commencer les exercices de la page.

N'hésite pas à consulter un dictionnaire lorsque tu as un doute sur le sens d'un mot.

→ Les **exercices** te proposent 3 niveaux de difficulté : ★ facile, ★★ moyen, ★★★ plus difficile. Parfois, la chouette te donne une petite astuce ou un conseil pour t'aider à les faire.

→ Après avoir regardé le livret des **corrigés**, tu pourras cocher l'une des trois cases situées en bas de chaque page : la case verte si tu as tout bon, la case orange s'il y a 1 ou 2 erreurs et la case rouge s'il y en a davantage. Tu peux ensuite reporter tes résultats sur le **sommaire/ tableau de bord** de la p. 3.

→ Sur les dernières pages du cahier, tu trouveras un tableau avec des exemples de **verbes conjugués** que tu dois impérativement connaitre en CE2. Tu peux le regarder pour faire les exercices autant de fois que nécessaire.

VOCABULAIRE 1 — Les différents sens d'un mot

JE SAIS DÉJÀ
Pour trouver le sens d'un mot, on utilise un dictionnaire dans lequel les mots sont rangés dans l'ordre alphabétique.

JE COMPRENDS
Certains mots peuvent avoir **plusieurs sens**.

> La phrase se termine par un **point**.
> Notre équipe a marqué un **point**.
> Maman a mis un **point** à ma chemise.

CONSEILS PARENTS
Proposez un mot à votre enfant et chronométrez-le pendant qu'il le cherche le plus vite possible dans le dictionnaire : ce petit jeu l'amusera et le familiarisera avec l'utilisation de cet outil.

★ **1** **Pour chaque phrase, écris à quoi correspond le mot service :**
une mission d'intérêt général, la vaisselle ou les serviettes, une somme à ajouter au prix du repas, une aide.

- Sur ce menu, le *service* est compris. ....
- Il m'a rendu un grand *service*. ....
- Le jeune a fait son *service* civique volontaire. ....
- Maman a utilisé son beau *service* de table. ....

★ **2** **Remplace le mot dur par un des mots suivants :**
solide, difficile, cuit, insensible.

- Veux-tu un œuf *dur* (..................) ?
- Ce mur est très *dur* (..................).
- La maitresse nous a donné un problème *dur* (..........................) à faire.
- Cet homme n'est pas gentil : il a le cœur *dur* (..............................).

★★ **3** **Trouve le même mot qui manque.**

Elle aime se regarder dans la .... Cet hiver, nous pourrons patiner sur la .... Mon dessert préféré, c'est une ....

★★ **4** **Réponds aux devinettes.**

- Je mange dessus ou elle me sert pour apprendre mes multiplications, c'est la ....
- Entre l'épaule et le coude ; certains fleuves, certains fauteuils en ont, ce sont les ....
- Je joue avec, je la demande au restaurant, je l'observe en géographie, c'est la ....
- Une partie d'une orange, un endroit dans une ville, c'est un ....

N'hésite pas à consulter un dictionnaire lorsque tu as un doute sur le sens d'un mot.

Corrigés p. 2

Plus d'exercices et de conseils sur www.hatier-entrainement.com

ORTHOGRAPHE 1 — Révisions des sons « in, an, on, ien, ail, eil, euil »

JE COMPRENDS

- Le son **« in »** peut s'écrire **in**, **aim**, **ain** ou **ein**. l**in**ge, d**aim**, m**ain**, pl**ein**
- Le son **« an »** peut s'écrire **an** ou **en**. ch**an**son, sil**en**ce
- Le son **« on »** peut s'écrire **on**, **ont**, **ond**. m**on**, p**ont**, f**ond**
- Je ne confonds pas : **ail** port**ail**, **aille** p**aille**, **eil** rév**eil**, **eille** ab**eille**, **euil** écur**euil** et **euille** f**euille**.

CONSEILS PARENTS
Incitez votre enfant à prononcer les mots de ces exercices à haute voix, bien distinctement : cela l'aidera à identifier le son et donc la bonne orthographe.

1. Complète avec in, ain, ein ou ien.

le mat......., un ....vité, un écriv......., une t.......te, mon parr......., la p.......ture, un requ......., soud......., un ch......., un Ind......., ju......., du gr......., un pouss......., le jard......., un moul......., un refr......., un bamb......., vil......., un chagr......., un cous......., du p....... .

2. Complète avec an ou en.

.....tourer, comm.....t, un pélic....., un gagn.....t, dim.....che, un volc....., un océ....., desc.....dre, le m.....ton, mam....., ...lever, un cadr....., un sil.....ce, un d.....tifrice, un enf.....t, une lég.....de, dem.....der, la lav.....de, une br.....che, une abs.....ce, la p.....te, une b.....de, une t.....te.

3. Complète avec on ou ond.

un th......., un s......., le f......., un chat......., un r......., un mout......., glout......., un cray......., un chard......., le plaf......., un bid......., un dind......., prof......., un mens.......ge, un bouch......., un réveill......., un vagab......., un torch......., le guid......., une m.......tre.

4. Complète avec ail, aille, eil, eille, euil ou euille.

un ort......., le trav......., une merv......., un évent......., un r......., le sol......., une ab......., une bout......., un faut......., la p......., un appar......., le somm......., une or......., la bat......., une méd......., un cons......., une éc......., une corb......., une f......., le gouvern....... .

N'oublie pas ! Après **c** et **g**, on écrit **-ueil** : accueil, orgueil...

Corrigés p. 2

Plus d'exercices et de conseils sur www.hatier-entrainement.com

GRAMMAIRE 1 — La phrase

JE SAIS DÉJÀ
Dans une phrase, l'ordre des mots est important : la phrase doit avoir un sens.

JE COMPRENDS
- La phrase est **une suite de mots qui a un sens**.
- Elle commence par une **majuscule** et se termine par un **point**.

Ma petite sœur termine son repas.

CONSEILS PARENTS

Insistez auprès de votre enfant pour qu'il prenne l'habitude, pour un questionnaire de lecture, de toujours répondre à une question en faisant une phrase complète.

1 Souligne les suites de mots qui sont des phrases.
- nous regarde Stéphanie petite poissons
- Ce petit village est très accueillant.
- construit grenier échelle de bois
- Une voiture passe en faisant beaucoup de bruit.
- Gildas est souvent malade.

2 Replace les mots dans l'ordre pour retrouver les phrases.
- poisson le nage rouge bocal son dans ....
- sonner cloche la de vient ....
- est Minet mignon un chat petit ....
- livre Marianne passionnant un lit ....

N'oublie pas les majuscules et les points en réécrivant les phrases !

3 Complète ces phrases en ajoutant les mots qui manquent.
- Il était une .... un .... bucheron qui habitait .... misérable cabane.
- Le marin monte dans son .... pour aller .... en mer.
- Aujourd'hui, ... fait très beau, car le .... brille dans .... ciel.
- .... ouvriers repeignent .... façade du ....

4 Utilise chaque suite de mots et complète-la pour faire une phrase.
- chat, mange, croquettes : ....
- enfants, plage, été : ....
- Christophe, matin, déjeune : ....
- prendre, demain, train : ....
- ramasse, il, coquillages : ....

Corrigés p. 2

Plus d'exercices et de conseils sur www.hatier-entrainement.com

Reconnaitre un verbe : l'infinitif

JE SAIS DÉJÀ

Le verbe indique l'action de la phrase, par exemple ce que fait une personne, un animal...

JE COMPRENDS

▸ Observe : Damien **écoute** un disque. Le chat **dort** sur le tapis.
Les feuilles **tombent** des arbres.

Les mots soulignés sont des **verbes**.

▸ Pour désigner un **verbe**, on donne son **infinitif** :

écout**er**, dorm**ir**, tomb**er**, fai**re**...

CONSEILS PARENTS
De temps en temps, au cours d'une discussion avec votre enfant, demandez-lui quel est l'infinitif du verbe qu'il vient d'utiliser.

★ **1** **Souligne les verbes dans les phrases.**
- La poule pond un œuf. • Michel conduit bien. • Le jardinier sème des graines.
- J'emporte mon sac de sport. • Les piétons avancent. • Nous sifflons un air connu. • Patricia lit beaucoup. • Ces élèves comptent très bien. • Les touristes demandent des renseignements. • Vous lavez la vaisselle.

★ **2** **Transforme les phrases selon le modèle et souligne les verbes à l'infinitif.**
Germain écrit une lettre. → Germain va écrire une lettre.

- Éric attend son père. → ....
- L'enfant finit son travail. → ....
- Il boit de l'eau fraiche. → ....
- La grenouille saute dans l'eau. → ....

Commence par **souligner** le verbe dans la phrase pour bien le repérer avant la transformation.

★★ **3** **Indique entre parenthèses l'infinitif des verbes.**
- J'ai gagné (....................) un joli lot. • Nous gonflons (....................) notre ballon. • Tu invites (....................) ton camarade. • Vous inventez (....................) une histoire. • Elle peint (....................) un coffret.

★★ **4** **Écris l'infinitif des verbes dans la bonne colonne.**

	infinitifs en *-er*	infinitifs en *-ir*	autre infinitif
Nous mangeons.			
Mes amis arrivent.			
Tu attends le car.			
Il rougit.			
Elle refroidit.			

Corrigés p. 2

BRAVO ! Tu as fini le chapitre 1.
Rendez-vous sur le site www.hatier-entrainement.com
pour encore plus d'exercices et de conseils !

VOCABULAIRE 2 — Le sens d'un mot dans une phrase

JE SAIS DÉJÀ
Un mot peut avoir plusieurs sens.

JE COMPRENDS
En lisant attentivement la phrase dans laquelle un mot est utilisé, on peut en **deviner** le sens.

Il **conduit** un avion (il pilote).
Elle **conduit** son fils à l'école (elle emmène).

CONSEILS PARENTS
Montrez à votre enfant comment trouver les bons renseignements dans un article de dictionnaire.

1 Pour chaque mot souligné, choisis l'une des deux significations.

- *un peu froid, pas abimés*

Veux-tu boire un soda frais (……………………………) ?

Ce marchand vend des légumes frais (……………………………).

- *apparence, lieu*

On trouve encore du charbon dans cette mine (……………………………).

Tu as bonne mine (……………………………) en ce moment.

- *partie d'un couteau, grosse vague*

Le bateau a été emporté par une lame (……………………………) de fond.

Cette lame (……………………………) ne coupe plus beaucoup.

- *suite de mots, outil pour pêcher*

Cette ligne (……………………………) est très bien écrite.

Il espère prendre du poisson avec sa nouvelle ligne (……………………………).

2 En t'aidant du dictionnaire, indique la signification des mots soulignés.

- Le vent a tordu la baleine de son parapluie. ……………………………
- Les gens ont aperçu une baleine près des côtes. ……………………………
- Il a tiré une balle avec son pistolet. ……………………………
- À la récréation, nous avons joué à la balle. ……………………………

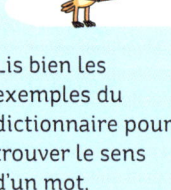

Lis bien les exemples du dictionnaire pour trouver le sens d'un mot, si le contexte ne t'aide pas.

3 Complète le tableau en plaçant correctement des croix dans les cases.

	enfiler	ajouter	passer	s'énerver
Mettre ses chaussettes				
Se mettre en colère				
Mettre du sucre				
Mettre du temps				

Corrigés p. 2

Plus d'exercices et de conseils sur www.hatier-entrainement.com

ORTHOGRAPHE 2 — Les lettres c, s et g

JE SAIS DÉJÀ

Le son de certaines consonnes change selon la voyelle qui les suit.

JE COMPRENDS

- La lettre **c** a le son **« k »** à côté des lettres **a**, **o** et **u**. `carreau`
- Elle a le son **« s »** à côté des lettres **i**, **e** et **y**. `cerise`
- Pour obtenir le son **« s »** à côté de **a**, **o** et **u**, il faut utiliser **ç**. `garçon`

CONSEILS PARENTS

Souvenez-vous que votre enfant mémorise mieux les exemples que les règles.

Prononce les mots à haute voix pour savoir quel son tu dois orthographier.

1 Complète avec c ou ç.

le silen…e, une balan…e, un ma…on, le …irque, un mor…eau, une …oquille, un …afé, le …ygne, …inq, fa…ile, un pin…eau, une …olline, un …ouloir, il commen…a, un …itron, un gla…on, un …ar, une é…urie, la fa…ade, dé…u.

JE COMPRENDS

- La lettre **s** a le son **« s »** en début de mots et entre une consonne et une voyelle. `soldat, consoler, veste.`
- Elle a le son **« z »** entre deux voyelles. `casier, causer, osier.`

2 Complète avec s ou c.

un …inge, du …able, une …ible, …entir, une pin…e, ma …œur, mon …œur, la …einture, la …alade, du …iment, le …ol, la surfa…e, …uperbe, la so…iété, le …oleil, …emer, du …el, la patien…e, les vacan…es, la vengean…e.

JE COMPRENDS

- La lettre **g** a le son **« g »** à côté des lettres **a**, **o** et **u**. `gare, gorille, anguleux.`
- Elle a le son **« j »** à côté de **e**, **i** et **y**. `geste, angine, gymnastique.`

Ici aussi, prononce les mots à haute voix pour savoir quel son tu dois orthographier.

3 Complète avec g ou ge.

une ré…ion, il allon…ait, une …irafe, une …outte, le …amin, un …énéral, le …azon, la …auche, …arder, une …irouette.

4 Même consigne.

un ré…ime, un pi…on, il diri…a, a…ile, une oran…ade, il épon…ait, une ri…ole, une …amme, une vir…ule, une …ourde, une …omme, un …énie, le villa…, un gara…iste, ru…ir, une bou…ie, il man…a, un …ilet, la rou…ole, un escar…ot.

Corrigés p. 2

Plus d'exercices et de conseils sur www.hatier-entrainement.com

GRAMMAIRE 2 — La ponctuation

JE SAIS DÉJÀ
Utiliser les points et les virgules.

JE COMPRENDS
On peut utiliser la **virgule** (,) pour **séparer** les différentes parties d'une phrase.

> Dans cette maison, il y avait un grand salon, deux chambres et une cuisine.

1 Recopie les phrases en mettant les majuscules, les virgules et les points.

- va réveiller ton petit frère aide-le à faire sa toilette et dis-lui de venir déjeuner

....

....

- j'ai acheté le pain les légumes les fruits et la viande

....

....

- ouvre ta valise range ta serviette ton pyjama tes chemises et ta trousse de toilette

....

....

JE COMPRENDS
- On utilise le **point d'interrogation** (?) à la fin d'une **question**.
- Le **point d'exclamation** (!) sert à marquer la **surprise**, la **joie** ou la **colère**.
- On utilise **deux points** (:) pour énumérer ou donner une **explication**.
- Quand on veut faire parler quelqu'un dans un récit, on utilise les **deux points** et les **guillemets**. Il a dit : « On se verra demain ! »

2 Termine par **?** ou **!** les phrases suivantes.

- Pourquoi tu ne réponds pas ....
- Comme tu es élégante ....
- Avez-vous lu ce livre ....
- Quelle surprenante nouvelle ....
- Quel fruit préfères-tu ....
- Quel magnifique paysage ....

3 Recopie la phrase en plaçant correctement la ponctuation.

Elle s'arrêta devant la cage observa attentivement le canari et s'écria comme tu es petit et fragile ....

....

CONSEILS PARENTS
Rappelez à votre enfant que la voix monte quand on pose une question ou que l'on s'exclame.

Lis les phrases des exercices à haute voix et laisse-toi guider par ton intonation.

Corrigés p. 2

Plus d'exercices et de conseils sur **www.hatier-entrainement.com**

CONJUGAISON 2 — Le passé, le présent et le futur

JE SAIS DÉJÀ
Me repérer sur l'axe du temps.

JE COMPRENDS
▸ Les phrases qui se rapportent à un évènement qui est terminé sont au **passé**. Le village **était** tranquille. (autrefois, jadis, hier…)
▸ Les phrases qui se rapportent à ce qui se passe au moment où l'on parle sont au **présent**. Je **caresse** mon chat. (en ce moment, maintenant…)
▸ Les phrases qui se rapportent à un évènement qui aura lieu plus tard sont au **futur**. Elle **rentrera** chez elle. (demain, plus tard, tout à l'heure…)

CONSEILS PARENTS
Montrez à votre enfant que le verbe est le mot qui change de terminaison selon le temps.

1 Classe en trois colonnes les indicateurs de temps suivants.
avant-hier, maintenant, l'année dernière, dans un moment, le mois dernier, en ce moment, bientôt, après-demain, actuellement.

passé	présent	futur

Apprends par cœur les mots de cet exercice pour les utiliser dans tes récits à l'écrit.

2 Transforme les phrases suivant le modèle.
Hier, il a dessiné. Maintenant, il dessine. Demain, il dessinera.

• Hier, nous avons chanté. Maintenant, ………………………………………

• Hier, elle a lavé. Maintenant, ………………………………………

• Hier, nous avons regardé. Maintenant, ………………………………………

• Hier, ils ont deviné. Maintenant, ………………………………………

3 Indique si les phrases sont au passé (PA), au présent (PR) ou au futur (F).

• J'écoute de la musique (……). • Le train est parti (……).
• Nous avons déjeuné (……). • La pluie tombe (……).
• Tu m'attendras ici (……). • Vous partirez après le repas (……).
• C'était une belle maison (……).

Corrigés p. 2

BRAVO ! Tu as fini le chapitre 2.
Rendez-vous sur le site www.hatier-entrainement.com pour encore plus d'exercices et de conseils !

VOCABULAIRE 3 — Comment se servir d'un dictionnaire

JE SAIS DÉJÀ
Chercher un mot dans le dictionnaire.

JE COMPRENDS
▸ Un dictionnaire donne l'**explication** des mots en suivant l'**ordre alphabétique** de la **première lettre du mot**. Il faut donc connaitre parfaitement l'ordre alphabétique des lettres.
▸ Lorsqu'on cherche un mot, il faut se repérer par rapport au mot qui est inscrit **en haut des pages** du dictionnaire.

CONSEILS PARENTS
Jouez à trouver les pages repères du dictionnaire le plus vite possible avec votre enfant.

1. Classe ces séries de lettres par ordre alphabétique.
- M C V A D : ....
- T B F E L : ....
- X M H G N : ....
- J Y O K W : ....

2. Classe ces mots par ordre alphabétique.
- évènement, opinion, remorque, nervure, cuire.
....
- morue, multiple, miroir, marge, méchant.
....
- cuvette, cure, cupide, culotte, cube.
....

Observe la 1re, la 2e ou la 3e lettre des mots pour t'aider à bien les classer.

JE COMPRENDS
▸ Le dictionnaire propose souvent **plusieurs significations** pour le même mot en donnant des exemples.
▸ Quand on cherche le sens d'un mot, il faut trouver parmi les significations **proposées** quelle est celle qui **correspond le mieux** à la phrase qu'on lit.

**3. Indique en face de chaque phrase la signification précise du mot croute :
partie dorée du pain, plaque qui recouvre une plaie, tableau sans valeur.**
- La *croute* tombera toute seule quand la blessure sera guérie. ....
- Ce peintre ne fait que des *croutes*. ....
- Je préfère manger une baguette, la *croute* est meilleure. ....

Aide-toi du contexte pour trouver la bonne réponse.

Corrigés p. 3

Plus d'exercices et de conseils sur www.hatier-entrainement.com

ORTHOGRAPHE 3 — m devant m, b ou p • s ou ss

JE SAIS DÉJÀ
Les graphies de **n** et **s** changent en fonction de la lettre qui les suit.

JE COMPRENDS
Devant les lettres **m**, **b** ou **p**, on écrit **m** à la place du **n** dans les sons « **an** », « **en** », « **in** » ou « **on** ».

a**m**poule, e**m**mener, i**m**primer, o**m**brelle.

CONSEILS PARENTS
Apprenez à votre enfant à relire plusieurs fois sa dictée : une fois pour les accords, une fois pour les homonymes, une fois pour l'orthographe d'usage.

1 Complète avec **an** ou **am**.

un p……talon, un ch……pignon, du j……bon, un m……teau, du b……bou, ch……ter, c……per, un c……didat, d……ser, une ch……bre.

2 Complète avec **en** ou **em**.

……porter, ……bêter, ……rouler, ent……dre, furieusem……t, un ……fant, le v……t, f……dre, ……ménager, un ……pereur.

Souligne les lettres **m**, **b**, **p**, des mots que tu dois compléter pour bien mémoriser cette règle.

3 Complète avec **in** ou **im**.

……troduire, un s……ge, un ……pôt, une ……pression, ……possible, un ……connu, un ……dividu, un ……bécile, ……parfait, un ……cendie.

4 Complète avec **on** ou **om**.

c……prendre, c……tent, c……pter, un m……stre, un ……gle, c……poser, m……ter, f……dre, l'……bre, un p……pier.

JE COMPRENDS
Entre deux voyelles (**a**, **e**, **i**, **o**, **u**, **y**), **s** a le son « **z** ».

maga**s**in, rai**s**on.

Pour obtenir le son « **s** », il faut mettre **deux s**.

moi**ss**on, boi**ss**on.

5 Complète avec **s** ou **ss**.

une cou……ine, des chau……ures, ma voi……ine, bri……er, de……ous, bro……er, la mou……e, une ardoi……e, la coiffeu……e, un bui……on.

6 Même consigne.

le vi……age, rou……e, un menui……ier, la chemi……e, la pre……e, dé……ertique, dé……olé, de……us, dé……igner, une mai……on.

Corrigés p. 3

Plus d'exercices et de conseils sur www.hatier-entrainement.com

GRAMMAIRE 3 — Le nom • Le groupe nominal — Noms communs, noms propres

CONSEILS PARENTS
Rappelez à votre enfant que l'on peut toujours mettre un déterminant devant un nom commun.

JE SAIS DÉJÀ
Repérer les noms.

JE COMPRENDS
- Le nom sert à désigner une personne, un animal, une chose.

  garçon, chat, table.

- Le nom est le plus souvent accompagné d'un **déterminant**. On appelle l'ensemble un **groupe nominal (GN)**.

  la maison, une règle, mon cahier.

★ **1** Souligne les noms de cette liste de mots.

courir, enfant, canard, finir, stylo, boire, gomme, girafe, colle, armoire, entendre, fauteuil, rougir, cendrier, fleur, maison, voir, poule, mouton.

Tu peux mettre **un**, **une**, **des** devant un nom mais pas devant un verbe.

★ **2** Souligne les groupes nominaux des phrases.
<u>Mon cartable</u> est posé sur <u>la table</u>.
- Notre maison est située près de ce village. • La maitresse demande d'ouvrir les livres. • La princesse habite dans un château. • La neige tombe sur le sol.
- Les oiseaux quittent la région.

★★ **3** Forme des groupes nominaux.
classe → ma classe *ou* la classe *ou* une classe

- pluie : .... • animal : .... • mur : ....
- mouches : .... • ballons : .... • mains : ....

Fais attention aux accords !

JE COMPRENDS
- Les noms de famille, les prénoms, les noms de villes, de pays... sont des **noms propres**. Ils s'écrivent toujours avec une **majuscule**.

  Mme **D**uval, **A**lice, **P**aris, la **F**rance...

- Les autres noms sont des **noms communs**. enfant, chaise, chien...

★★ **4** Classe les noms en 2 colonnes et ajoute les majuscules des noms propres.

carnet, alex, nicole, espagne, dictionnaire, italie, mélanie, bras, œil, europe, lit, mur.

noms propres		noms communs	

Corrigés p. 3

Plus d'exercices et de conseils sur www.hatier-entrainement.com

CONJUGAISON 3 — Le présent des verbes en -er

JE SAIS DÉJÀ
Conjuguer les verbes du premier groupe au présent.

JE COMPRENDS
Les verbes dont l'infinitif se termine en **-er** (raconter, chanter, danser) ont les terminaisons suivantes au présent : **e, es, e, ons, ez, ent**.

je chant**e**, tu chant**es**, il ou elle chant**e**,
nous chant**ons**, vous chant**ez**, ils ou elles chant**ent**.

CONSEILS PARENTS
Fabriquez un jeu de cartes : 6 cartes pour les pronoms et 6 cartes pour les terminaisons. Retournez-les, chacun pioche une carte pronom et une carte terminaison, le gagnant est celui qui a 2 cartes compatibles.

★ 1 Complète en ajoutant le pronom personnel.

● .... ou .... placent. ● .... ou .... berce. ● .... calculons. ● .... profites. ● .... mange. ● .... refusez. ● .... saluons. ● .... arroses. ● .... ou .... roulent. ● .... regardez.

★ 2 Complète en ajoutant la terminaison correspondante.

● Nous ramen........ ● Ils rêv........ ● Je trouv........ ● Elle regard........ ● Vous ajout........ ● Tu arriv........ ● Vous remarqu........ ● Elles recul........ ● Je racont........ ● Nous camp........

Rappelle-toi, **tu** ne sors jamais sans son **s**.

Après **vous**, le son « é » s'écrit **ez**.

★★ 3 Indique entre parenthèses l'infinitif des verbes conjugués.

● Nous brossons (..................) le tapis. ● Je calme (..................) cet enfant. ● La bibliothécaire me propose (..................) un livre. ● Vous appelez (..................) les poules. ● Tu présentes (..................) ton travail. ● Les grenouilles sautent (..................) dans la mare.

★★ 4 Complète le tableau.

	ramasser	quitter	agiter	presser
je, j'				
tu				
il, elle				
nous				
vous				
ils, elles				

Corrigés p. 3

BRAVO ! Tu as fini le chapitre 3.
Rendez-vous sur le site www.hatier-entrainement.com pour encore plus d'exercices et de conseils !

VOCABULAIRE 4 — La définition d'un mot

JE SAIS DÉJÀ
Chercher un mot dans le dictionnaire.

JE COMPRENDS

▸ Pour expliquer un mot, il faut **préciser** quelle est sa **signification** ou donner sa définition à l'aide du dictionnaire.

dégringoler = tomber

▸ Quand on veut expliquer un mot par un exemple, il faut bien choisir cet exemple pour qu'il aide à comprendre.

Jean est tombé de l'échelle.

CONSEILS PARENTS
Jouez à faire deviner des mots à votre enfant, à partir de leurs définitions.

1 Lis la phrase et entoure la bonne définition du mot souligné.
- Cette plage est polluée par le mazout.   *embellie, aménagée, salie*
- Marc a eu une réplique intelligente.   *une chanson, une réponse, une action*
- La terre est une sphère.   *une prairie, une région, une boule*
- Les fraudeurs seront punis.   *les tricheurs, les payeurs, les joueurs*

Aide-toi du contexte pour trouver la bonne définition.

2 Même consigne.
- Un passant a été fauché par une voiture.
coupé, volé (familièrement), renversé

- Ce livre a beaucoup de fautes d'impression.
effet ou sensation, sentiment, imprimerie

- Nous habitons à l'étage inférieur.
plus petit, dépendant, situé en dessous

- Un incident regrettable a gêné la réunion.
évènement, personnage, salle

3 Lis la définition du mot et souligne la phrase qui fait le mieux comprendre ce mot.

- **ingrédients : produits nécessaires pour un mélange.**
J'ai posé les ingrédients sur la table.
As-tu acheté les ingrédients ?
J'ai la liste des ingrédients à mettre dans mon gâteau.

- **intrus : qui vient sans avoir été invité.**
On n'aime pas beaucoup les intrus.
Il existe des jeux où il faut découvrir l'intrus.
On l'a regardé comme un intrus, car il n'était pas prévu à l'anniversaire.

Corrigés p. 3

Plus d'exercices et de conseils sur www.hatier-entrainement.com

ORTHOGRAPHE 4 — x ou cc • Les accents

JE COMPRENDS

Le son « **ks** » peut s'écrire de deux façons différentes :
- avec un **x**. axe
- avec **deux c**. accepter

CONSEILS PARENTS

Faites prononcer à votre enfant les mots à haute voix pour qu'il distingue bien les sons qu'il doit orthographier.

★ **1** **Complète avec x ou cc.**

a….entuer, un a….essoire, le lu….e, a….élérer, un a….ent, un a….ès,

un a….ident, un te….te, e….pliquer, la bo….e.

★ **2** **Même consigne.**

a….epter, e….pédier, une e….position, un a….élérateur, a….essible,

un préte….te, une e….plosion, e….traordinaire, e….primer, e….quis.

JE SAIS DÉJÀ

Orthographier le son « **é** ».

JE COMPRENDS

La lettre **e** se prononce différemment en fonction des accents que l'on utilise.
- **L'accent aigu (é)** permet de prononcer le **é** comme dans : féminin.
- **L'accent grave (è)** permet de prononcer le **è** comme dans : mère.
- **L'accent circonflexe (ê)** permet d'obtenir le même son, comme dans : tête.
- Parfois, ce son s'obtient lorsque le **e** est suivi d'une **consonne double** comme dans : belle.

★★ **3** **Complète avec é ou è.**

une ….caille, ….carter, ….chapper, le p….re, un ….l….ve, un probl….me,

la dict….e, une r….ponse, une f….ve, la fi….vre.

★★ **4** **Complète avec è ou ê.**

la fen….tre, une sorci….re, un v….tement, une ch….vre, un pi….ge,

la derni….re, la for….t, une plan….te, une b….te, fid….le.

★★★ **5** **Complète avec è ou e.**

une p….lle, une pi….ce, une rond….lle, d….rri….re, des lun….ttes, s….che,

le z….bre, une mou….tte, les sem….lles, le quatri….me, inc….ssant, une s….lle,

la si….ste, un si….cle, un si….ge, la s….ve, un v….rre, une v….ste.

Souviens-toi que l'on ne met pas d'accent sur le **e** qui est suivi d'une consonne double.

Corrigés p. 3

Plus d'exercices et de conseils sur www.hatier-entrainement.com

GRAMMAIRE 4 — L'adjectif qualificatif

JE SAIS DÉJÀ
Repérer les groupes nominaux.

JE COMPRENDS
Pour compléter le groupe nominal (voir page 18), on peut ajouter un **adjectif qualificatif** qui donne des précisions, des renseignements.

des yeux **bleus**, des cheveux **bruns**.

CONSEILS PARENTS
Expliquez à votre enfant le sens du verbe qualifier = donner des précisions *pour qu'il mémorise mieux le terme* qualificatif.

1 Souligne les adjectifs qualificatifs des groupes nominaux suivants.
- un joli renard
- une chanson triste
- un jour sombre
- un mouton frisé
- une poule blanche
- une superbe robe
- une bonne nouvelle
- un enfant sage
- un pauvre pêcheur
- une petite maison
- un radiateur électrique
- une musique douce
- une ancienne amie
- une vaisselle sale
- une forte tempête

2 Souligne les adjectifs utilisés dans ce texte.
La fillette laissa couler des larmes sur ses joues roses. Elle sentit alors une langue râpeuse et des pattes douces qui les lui essuyaient. Elle vit un mignon petit écureuil dont le pelage brillait au soleil.

Tu peux supprimer l'adjectif dans le groupe nominal sans trop en changer le sens.

3 Complète chaque groupe nominal par deux adjectifs.
un <u>élégant</u> manteau <u>gris</u>
- un .... renard ....
- une .... maison ....
- un .... bruit ....
- une .... robe ....
- des .... vacances ....

4 Trouve un nom que chaque adjectif peut compléter.
- un .... avare
- une .... aveuglante
- un .... puissant
- des .... mystérieuses
- un .... sauvage
- une .... dangereuse
- un .... nouveau
- des .... faciles

5 Complète ce texte en ajoutant des adjectifs qualificatifs.
Un oiseau .... ouvrit ses .... ailes et son bec ....
Il s'envola en poussant un cri .... et en faisant un bruit ....

Corrigés p. 3

Plus d'exercices et de conseils sur www.hatier-entrainement.com

CONJUGAISON 4 — Le présent des verbes avoir et être

JE SAIS DÉJÀ
Conjuguer les verbes **être** et **avoir** au présent.

JE COMPRENDS

▸ Observe comment le verbe **avoir** se conjugue au présent :
j'**ai**, tu **as**, il ou elle **a**, nous **avons**, vous **avez**, ils ou elles **ont**.

▸ Rappelle-toi l'usage des pronoms personnels :
un moineau = **il** ; les fleurs = **elles** ;
Nathalie (quelqu'un) et moi = **nous** ; Pierre (quelqu'un) et toi = **vous**

CONSEILS PARENTS
Demandez à votre enfant d'utiliser *nous* et pas systématiquement *on*.

Souviens-toi, **il** et **toi** = **vous**.

★ **1** Complète en ajoutant le pronom personnel qui manque.

● .... ou .... a la solution. ● .... avons une belle classe. ● .... as du temps. ● .... avez le choix. ● .... ou .... ont faim. ● .... ai froid.

★ **2** Complète les phrases avec le verbe avoir au présent.

● Ce monsieur .... un très beau chapeau. ● Tu .... de la chance.
● Vincent et toi .... mal aux pieds. ● Les oiseaux .... des plumes.
● J' .... peur qu'il ne vienne pas. ● Norbert et moi .... un chien.

JE COMPRENDS
Observe comment le verbe **être** se conjugue au présent :
je **suis**, tu **es**, il ou elle **est**, nous **sommes**, vous **êtes**, ils ou elles **sont**.

★★ **3** Complète en ajoutant le pronom personnel qui manque.

● .... êtes en retard. ● .... es le seul à connaitre mon secret.
● .... ou .... sont de mon avis. ● .... sommes contents de te voir.
● .... ou .... est en avance. ● .... suis fatiguée.

★ **4** Complète les phrases avec le verbe être au présent.

● Le ciel .... bleu. ● Mon voisin et moi .... amis.
● Je .... dans ma chambre. ● François et toi .... à l'atelier de théâtre.
● Les bouteilles .... en plastique. ● Tu .... dans l'escalier.

★ **5** Conjugue au présent : **être dans la cour**.

....
....
....

BRAVO ! Tu as fini le chapitre 4.
Rendez-vous sur le site www.hatier-entrainement.com
pour encore plus d'exercices et de conseils !

Corrigés p. 3-4

VOCABULAIRE 5 — Les synonymes

JE SAIS DÉJÀ
Chercher un mot dans le dictionnaire.

JE COMPRENDS
Les synonymes sont des mots ou expressions de **sens voisins**.
difficile = compliqué

CONSEILS PARENTS
Montrez à votre enfant que les synonymes lui permettent d'enrichir son vocabulaire en expression écrite.

1 Écris après chaque mot le synonyme correspondant :
un travail, un cercle, les environs, une escorte, une erreur, un véhicule.

- un rond : ....
- une garde : ....
- un emploi : ....
- une faute : ....
- les alentours : ....
- une voiture : ....

2 Même consigne avec :
content, épouvantable, épuisant, habile, rêveur, identique.

- harassant : ....
- joyeux : ....
- adroit : ....
- horrible : ....
- semblable : ....
- songeur : ....

3 Même consigne avec :
enseigner, éparpiller, guetter, se déplacer, escalader, se grouper.

- disperser : ....
- surveiller : ....
- se rassembler : ....
- grimper : ....
- apprendre : ....
- voyager : ....

4 Même consigne avec :
gaspiller, agacer, être face à face, se transformer.

- faire peau neuve : ....
- jeter l'argent par les fenêtres : ....
- taper sur les nerfs : ....
- se trouver nez à nez : ....

Le sais-tu ? Les expressions données dans l'exercice 4 s'appellent des **expressions imagées**.

5 Trouve un synonyme pour chaque mot souligné.

- Les <u>images</u> de ce livre sont très belles. ....
- Je lui <u>indique</u> le chemin. ....
- Le jardinier utilise un <u>instrument</u>. ....
- Il est <u>interdit</u> de fumer. ....

Corrigés p. 4

Plus d'exercices et de conseils sur www.hatier-entrainement.com

ORTHOGRAPHE 5 — on - ont • et - est • a - à

JE SAIS DÉJÀ
Certains mots se prononcent pareil mais ne s'écrivent pas pareil.

JE COMPRENDS
Il ne faut pas confondre **on** (pronom personnel que l'on peut remplacer par **il** ou **elle**) avec **ont** (verbe **avoir**).

> **On** regarde le match. Les enfants **ont** leurs ardoises.
> (il ou elle)   (avoir)

CONSEILS PARENTS
Demandez à votre enfant les astuces qu'il connait pour différencier ces homonymes qu'il a vus au CE1.

1 **Complète avec on ou ont.**

- .... a adopté un petit chien. • Les perroquets .... de belles couleurs.
- .... part en vacances mercredi prochain. • .... t'enverra des cartes postales.
- .... a ouvert la cage du canari. • Les pêcheurs .... capturé une baleine.
- Doit-........ apprendre cette poésie ? • .... s'endort de bonne heure.

Tu peux remplacer **ont** par **avaient**.

JE COMPRENDS
Il ne faut pas confondre **et** (**et puis**) avec **est** (verbe **être**).

> Ce film **est** long **et** ennuyeux.
> (être) (et puis)

2 **Complète avec et ou est.**

- Ce lapin .... tout blanc. • J'ai ramassé des feuilles sèches .... des champignons. • Le vent .... frais. • Il a plu, ... ensuite il a fait beau.
- Veux-tu une glace à la pistache .... à la vanille ? • Olivia .... prête.
- Les touristes ont visité la tour Eiffel .... l'Arc de triomphe. • Cette phrase .... courte. • Où .... ton cahier ? • Il se lève .... fait sa toilette.

Tu peux remplacer **et** par **puis**.

JE COMPRENDS
Il ne faut pas confondre **à** (petit mot **invariable**) avec **a** (verbe **avoir**).

> Je vais **à** l'école. Il **a** de la chance (il **avait**, ils **ont**).
>   (avoir)

3 **Complète avec a ou à.**

- Jules se lève .... sept heures, ensuite, quand il est prêt, il va .... l'école. • Le tigre .... des rayures. • Mon porte-clés est .... ma ceinture. • Mon oncle .... des cadeaux pour moi. • On frappe .... la porte : c'est le facteur qui .... une lettre. • Nous ferons une grande fête .... Noël et une autre .... Pâques. • La chèvre .... une barbichette.

Corrigés p. 4

Plus d'exercices et de conseils sur www.hatier-entrainement.com

GRAMMAIRE 5 — Le singulier et le pluriel

> **JE SAIS DÉJÀ**
> Repérer le singulier et le pluriel.
>
> **JE COMPRENDS**
> ▸ Quand on parle d'**une seule** chose, le mot est au **singulier**.
> un outil, mon courage, la fleur
>
> ▸ Quand on parle de **plusieurs** choses, le mot est au **pluriel**.
> des chaines, mes chapeaux, ces chansons

CONSEILS PARENTS
*Matérialisez devant votre enfant la chaine d'accord des trois éléments du groupe nominal : déterminant, nom et adjectif, en entourant les marques du pluriel : de**s** outil**s** pointu**s**.*

1 Classe en deux colonnes les groupes nominaux suivants.
une mouche, mes chaussures, tes livres, une voiture, les trains, la France, les Pays-Bas, un escalier, nos vêtements, leurs cousins, un cahier, ton cadeau.

singulier		pluriel	

2 Complète par un groupe nominal au pluriel.

● Tu entends .... ● Nous prenons ....

● Vous mangez .... ● Le mécanicien répare ....

● Bérénice aime .... ● .... attendent le car. ● .... poussent au printemps. ● .... chassent leurs proies. ● .... plongent dans l'eau.

> **JE COMPRENDS**
> **L'adjectif qualificatif** s'accorde toujours avec le nom auquel il se rapporte.
>
> une prune verte   des carotte**s** crue**s**
> | | | |
> (sing.) (sing.)   (plur.) (plur.)

Fais bien attention à l'accord de l'adjectif en **genre** (masc./fém.) et en **nombre** (sing./plur.).

3 Complète si nécessaire l'accord des adjectifs avec les noms.

● des petit... lapins   ● un terrible... bec   ● des yeux verts...
● un fauteuil confortable...   ● des poils blanc...   ● une ligne droite...
● des animaux intelligent...   ● des armes dangereuse...   ● des scènes amusante...
● une bande dessinée...   ● l'expression écrite...   ● des pas rapide...

Corrigés p. 4

Plus d'exercices et de conseils sur
www.hatier-entrainement.com

CONJUGAISON 5 — Le présent des autres verbes

JE SAIS DÉJÀ
Conjuguer les verbes du premier groupe au présent.

JE COMPRENDS
Voici la conjugaison au présent de certains verbes à l'infinitif en **-ir**.

> je bond**is**, tu bond**is**, il ou elle bond**it**,
> nous bond**issons**, vous bond**issez**, ils ou elles bond**issent**.

CONSEILS PARENTS
Montrez à votre enfant que les verbes du 2ᵉ groupe ont besoin d'un suffixe en *-iss* devant les terminaisons aux 3 personnes du pluriel.

1 Souligne les verbes en **-ir** qui se conjuguent comme **bondir** ou **finir**.
rougir, courir, fleurir, avertir, tenir, pétrir, brunir, venir, sortir, obéir.

2 Complète les terminaisons des verbes au présent.
- Je fin……… mon travail.
- Vous rempl………… la carafe.
- Elle applaud………… les clowns.
- Tu démol……… la cabane.
- Ils avert………… les automobilistes.
- Nous chois………… un tableau.

JE COMPRENDS
Observe maintenant comment se conjuguent ces verbes au présent :

▸ **tenir**
je **tiens**, tu **tiens**, il ou elle **tient**,
nous **tenons**, vous **tenez**, ils ou elles **tiennent**.

▸ **aller**
je **vais**, tu **vas**, il ou elle **va**,
nous **allons**, vous **allez**, ils ou elles **vont**.

▸ **faire**
je **fais**, tu **fais**, il ou elle **fait**,
nous **faisons**, vous **faites**, ils ou elles **font**.

▸ **prendre**
je **prends**, tu **prends**, il ou elle **prend**,
nous **prenons**, vous **prenez**, ils ou elles **prennent**.

3 Conjugue le verbe **tenir** au présent.
- Vous ………… le bouquet.
- Je ………… mon sac.
- Ils ………… leurs livres.
- Le clou ……… bien.
- Nous ………… à aller à la fête.
- Tu lui ……… la porte.

4 Conjugue le verbe **aller** au présent.
- Il ………… chez sa mère.
- Ils ………… à la pêche.
- Tu ………… à la piscine.
- Vous ………… faire les courses.
- Je ………… au cinéma.
- Ils ………… bien.

Attention à la deuxième personne du pluriel du verbe **faire** qui est une exception.

5 Conjugue le verbe **faire** au présent.
- Tu ……… un gâteau.
- Nous ………… notre travail.
- Ils ………… des jeux.
- Je ………… un exercice.
- Elle ……… un collier.
- Vous ………… les clowns.

Corrigés p. 4

BRAVO ! Tu as fini le chapitre 5.
Rendez-vous sur le site www.hatier-entrainement.com pour encore plus d'exercices et de conseils !

6 — Les mots de sens contraire

JE SAIS DÉJÀ
Repérer les synonymes.

JE COMPRENDS
On appelle **contraires** des mots qui ont des sens **opposés**.
gentil / méchant ; apparaitre / disparaitre

CONSEILS PARENTS
Prenez une histoire connue de votre enfant et transformez-la en utilisant une majorité de termes contraires : la sorcière gentille, la fée méchante, *etc.*

1. Écris après chaque nom le contraire correspondant :
la vieillesse, un ennemi, le gain, la pauvreté, la guerre, le mal.

- la richesse / ....
- un ami / ....
- le bien / ....
- la jeunesse / ....
- la paix / ....
- la perte / ....

2. Même consigne avec les adjectifs :
absent, triste, fatigant, large, ancien, coupable.

- reposant / ....
- nouveau / ....
- innocent / ....
- joyeux / ....
- présent / ....
- étroit / ....

Attention, on te demande de respecter la **classe grammaticale** des mots dont tu cherches le contraire.

3. Même consigne avec les verbes :
décrocher, vendre, refuser, fermer, descendre, soustraire.

- accepter / ....
- accrocher / ....
- acheter / ....
- ajouter / ....
- monter / ....
- ouvrir / ....

4. Trouve les contraires.

- en bas / ....
- dedans / ....
- près de / ....
- beaucoup / ....
- toujours / ....
- devant / ....

5. Dis le contraire des phrases en changeant le mot souligné.

- On observe une augmentation de la circulation.

....

- Les ouvriers construisent une maison.

....

- Nous avons assisté au lever du soleil.

....

Corrigés p. 4

Plus d'exercices et de conseils sur www.hatier-entrainement.com

ORTHOGRAPHE 6 — son - sont • mes - mais

JE SAIS DÉJÀ
Certains mots se prononcent pareil mais ne s'écrivent pas pareil.

JE COMPRENDS
Il ne faut pas confondre **son** (**le sien**) et **sont** (verbe **être** au présent).

Mathieu et **son** camarade **sont** à la campagne.
(le sien)   (verbe être)

CONSEILS PARENTS
Demandez à votre enfant les astuces qu'il connait pour différencier ces homonymes qu'il a vus au CE1.

1. Complète les groupes nominaux avec son ou sa.

- …… livre • …… pièce • …… chat • …… crayon • …… déjeuner
- …… mère • …… père • …… dictionnaire • …… jeu • …… viande
- …… ville • …… village • …… fromage • …… table • …… serviette

2. Complète avec son ou sont.

- Maman prépare …… repas. • Mes amis …… assis sur le canapé.
- Le chat lisse …… pelage. • Il a vu …… voisin. • Les matchs …… terminés.
- Ces pièces …… grandes. • …… poème est réussi. • Elle cherche …… sac.
- Les verres …… sur le buffet. • Le chauffeur conduit …… camion.

Essaie de remplacer **son** par **un**, **une**, **des**.

JE COMPRENDS
Il ne faut pas confondre **mes** (**les miens**, que je peux remplacer par **ma** ou **mon** au singulier) et **mais** (qui marque une **opposition**).

J'ai emporté **mes** disques. Il a un jeu, **mais** il ne le prête pas.
(les miens)

3. Complète avec mes ou mais.

- …… dents sont blanches, …… elles se chevauchent. • Je suis allé voir …… amis, …… ils n'étaient pas là. • Veux-tu …… billes ? • …… jouets sont rangés dans le placard, …… ils sont cassés. • Je lui ai parlé de …… aventures, …… il ne m'a pas cru. • …… où est donc le chat ?

Essaie de remplacer **mais** par **or**.

4. Même consigne.

- J'ai vu …… cousins, …… ils ne m'ont rien dit. • Où sont …… photos ?
- Il regarde, …… il ne voit rien. • Elle parle français, …… on la comprend mal.
- J'ai aimé …… voyages, …… je n'en fais plus. • Prends …… crayons, …… ne les abime pas. • Je passerai te chercher, …… sois à l'heure !

Corrigés p. 4

Plus d'exercices et de conseils sur www.hatier-entrainement.com

GRAMMAIRE 6 — Le masculin et le féminin

JE SAIS DÉJÀ
Repérer le genre d'un nom.

JE COMPRENDS
- Les noms devant lesquels on peut mettre **le** ou **un** sont **masculins**.
  le cirque, **un** cirque
- Les noms devant lesquels on peut mettre **la** ou **une** sont **féminins**.
  la fée, **une** fée
- Le déterminant **l'** peut être placé devant un nom **masculin** ou **féminin**.
  l'ourson (masculin), **l'**équipe (féminin)

CONSEILS PARENTS
Matérialisez devant votre enfant la chaine d'accord des trois éléments du groupe nominal : déterminant, nom et adjectif, en entourant les marques du féminin : un@ tarte entièr@.

1 Classe en deux colonnes les noms suivants.

un papillon, un oiseau, une pie, la grange, cette poire, ce pays, ce tiroir, son col, sa rose, la gare, le signal, son étoile.

masculin		féminin	

2 Même consigne.

l'ours, l'otarie, l'abeille, l'orage, l'oreille, l'orange, l'abonnement, l'accent, l'étiquette, l'acteur, l'achat, l'olive.

masculin		féminin	

Vérifie le genre d'un nom dans ton dictionnaire en cas de doute.

JE COMPRENDS
L'adjectif qualificatif **s'accorde toujours** avec le nom auquel il se rapporte.
un gâteau entier, un**e** tarte entiè**re**

3 Corrige si nécessaire les adjectifs mal accordés.

- un chapeau noire, ...
- une pomme mur, ...
- des cheveux brunes, ...
- un voyage agréable, ...
- un long nez, ...
- un beau cadeau, ...
- un manteau usée, ...
- une robe rose, ...
- un roi riches, ...
- une branche cassé, ...

Corrigés p. 4

Plus d'exercices et de conseils sur www.hatier-entrainement.com

CONJUGAISON 6 — Les participes passés

JE SAIS DÉJÀ
Conjuguer les verbes du premier groupe au passé composé.

JE COMPRENDS
- **Parlé**, **parti**, **entendu**, **mis**, **ouvert** sont des participes passés.
  il a **parlé**, il est **parti**, elle a **entendu**, elle a **mis**, elle a **ouvert**
- On trouve le participe passé d'un verbe en utilisant **il (elle) a** ou **il (elle) est**.
  il a **enlevé**, elle est **venue**

CONSEILS PARENTS
Habituez votre enfant à repérer le groupe auquel appartient un verbe. Apprenez-lui que les participes passés des verbes des premier et deuxième groupes se terminent en é et i.

1 Écris le participe passé des verbes indiqués à l'infinitif.
bercer → (il a) bercé ; arriver → (il est) arrivé

- calculer : ....
- placer : ....
- poser : ....
- presser : ....
- reculer : ....
- laver : ....
- quitter : ....
- rêver : ....
- trouver : ....
- raconter : ....
- ajouter : ....
- exister : ....

2 Même consigne.
finir → (il a) fini

- guérir : ....
- salir : ....
- saisir : ....
- avertir : ....
- grandir : ....
- maigrir : ....
- rougir : ....
- applaudir : ....
- nourrir : ....
- réussir : ....
- franchir : ....
- fleurir : ....

JE COMPRENDS
Pour savoir quelle est, au singulier, la dernière lettre du participe passé de certains verbes, on peut employer **elle est**.
pris : (elle est) pri**s**e ; ouvert : (elle est) ouver**t**e

3 Écris le participe passé des verbes indiqués à l'infinitif.
conduire → (elle est) conduit(e)

- produire : ....
- construire : ....
- mettre : ....
- promettre : ....
- apprendre : ....
- écrire : ....
- comprendre : ....
- faire : ....
- dire : ....
- soustraire : ....
- peindre : ....
- satisfaire : ....
- instruire : ....
- détruire : ....
- distraire : ....
- craindre : ....
- surprendre : ....
- conduire : ....

Si tu as un doute sur l'orthographe d'un participe passé, consulte le dictionnaire.

BRAVO ! Tu as fini le chapitre 6.
Rendez-vous sur le site www.hatier-entrainement.com
pour encore plus d'exercices et de conseils !

VOCABULAIRE 7 — Les homonymes

JE SAIS DÉJÀ
Certains mots se prononcent pareil mais ne s'écrivent pas pareil.

JE COMPRENDS
Les **homonymes** sont des mots qui **se prononcent de la même façon**, qui peuvent s'écrire de **façon identique** ou **différente**, mais qui ont des **sens distincts**.

un sapin **vert**, un **verre** d'eau, un **ver** de terre

CONSEILS PARENTS
Voici une comptine que vous pouvez lire à votre enfant : « Il était une fois, dans la ville de Foix, une marchande de foie qui se dit ma foi, c'est la dernière fois que je vends du foie, dans la ville de Foix. »

1 Complète les phrases avec les homonymes.

- *pain, pin*

Cet arbre est un .... Veux-tu un morceau de .... avec ton chocolat ?

- *court, cour*

Les enfants jouent dans la .... Ce vêtement est trop ....

- *chêne, chaine*

Les glands sont les fruits du .... La .... de ma bicyclette a sauté.

- *faim, fin*

Je mangerai tout à l'heure, car je n'ai pas très .... J'ai vu la .... du film.

2 Même consigne.

- *foie, fois*

Marie a eu une crise de .... Il était une .... un roi très méchant.

- *mois, moi*

Ce n'est pas .... qui ai cassé le carreau. Nous partirons au .... de juillet.

3 Qui suis-je ? Trouve les homonymes qui s'écrivent de la même façon.

- Je suis une sorte de bisou. Je suis un vent glacé.

Je suis la ....

- Je suis un synonyme de « comprimé ». On me voit sur le timbre d'une lettre.

Je suis le ....

- Je sers à faire cuire des gâteaux. Je suis un coquillage.

Je suis le ou la ....

- Je suis un synonyme de « milieu ». Je suis un lieu commercial quand je regroupe plusieurs magasins.

Je suis le ....

Voici les initiales des mots que tu cherches : **b**, **c**, **m** et **c**.

Corrigés p. 5

Plus d'exercices et de conseils sur www.hatier-entrainement.com

CE2
CYCLE 2

8-9 ANS

Les corrigés
Français

- ✓ **La maitrise du langage** est au cœur du nouveau programme. Mieux les enfants manieront la langue, plus ils seront à l'aise dans les différents domaines. Ils repèreront plus facilement les vocabulaires spécifiques à chaque matière, comprendront mieux les énoncés et répondront plus précisément aux questions qui leur sont posées.

- ✓ **Au cycle 2** (CP, CE1 et CE2), votre enfant entre dans l'apprentissage du français par l'oral, l'écriture et la lecture. Parallèlement, il en apprend les règles. Il peut ainsi produire des énoncés mieux structurés, des écrits organisés et ponctués de plus en plus complexes, et surveiller son orthographe.

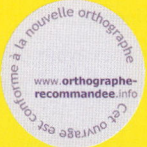

CORRIGÉS

Unité 1

VOCABULAIRE p.8

1 somme à ajouter au prix du repas • aide • temps passé à l'armée • vaisselle ou serviettes
2 cuit • solide • difficile • insensible
3 glace
4 table • bras • carte • quartier

ORTHOGRAPHE p.9

1 matin, invité, écrivain, teinte, parrain, peinture, requin, soudain, chien, Indien, juin, grain, poussin, jardin, moulin, refrain, bambin, vilain, chagrin, cousin, pain.
2 entourer, comment, pélican, gagnant, dimanche, volcan, océan, descendre, menton, maman, enlever, cadran, silence, dentifrice, enfant, légende, demander, lavande, branche, absence, pente, bande, tente.
3 thon, son, fond, chaton, rond, mouton, glouton, crayon, chardon, plafond, bidon, dindon, profond, mensonge, bouchon, réveillon, vagabond, torchon, guidon, montre.
4 orteil, travail, merveille, éventail, rail, soleil, abeille, bouteille, fauteuil, paille, appareil, sommeil, oreille, bataille, médaille, conseil, écaille, corbeille, feuille, gouvernail.

GRAMMAIRE p.10

1 *Souligner* : Ce petit village est très accueillant. • Une voiture passe en faisant beaucoup de bruit. • Gildas est souvent malade.
2 Le poisson rouge nage dans son bocal. • La cloche vient de sonner. • Minet est un mignon petit chat. • Marianne lit un livre passionnant.
3 *Par exemple* : Il était une fois un pauvre bucheron (bûcheron) qui habitait une misérable cabane. • Le marin monte dans son bateau pour aller pêcher en mer. • Aujourd'hui, il fait très beau car le soleil brille dans le ciel. • Les ouvriers repeignent la façade du bâtiment.
4 *Par ex.* : Le chat mange des croquettes. • Cet été, les enfants jouent nombreux sur la plage. • Ce matin, Christophe déjeune de bonne heure. • Demain, nous allons prendre le train. • Il ramasse des coquillages au bord de la mer.

CONJUGAISON p.11

1 *Souligner* : pond • conduit • sème • emporte • avancent • sifflons • lit • comptent • demandent • lavez
2 Éric va attendre son père. L'enfant va finir son travail. Il va boire de l'eau fraiche. La grenouille va sauter dans l'eau.
3 gagner • gonfler • inviter • inventer • peindre
4 *Infinitifs en -er* : manger, arriver • *en -ir* : rougir, refroidir • *autre* : attendre

Unité 2

VOCABULAIRE p.12

1 un peu froid, pas abimés • lieu, apparence
• grosse vague, partie d'un couteau
• suite de mots, outil pour pêcher.
2 partie métallique du parapluie
• gros mammifère marin • projectile
• objet rond en caoutchouc
3 Mettre ses chaussettes : enfiler
• Se mettre en colère : s'énerver
• Mettre du sucre : ajouter
• Mettre du temps : passer.

ORTHOGRAPHE p.13

1 silence, balance, maçon, cirque, morceau, coquille, café, cygne, cinq, facile, pinceau, colline, couloir, commença, citron, glaçon, car, écurie, façade, déçu.
2 singe, sable, cible, sentir, pince, sœur, cœur, ceinture, salade, ciment, sol, surface, superbe, société, soleil, semer, sel, patience, vacances, vengeance.
3 région, allongeait, girafe, goutte, gamin, général, gazon, gauche, garder, girouette.
4 régime, pigeon, dirigea, agile, orangeade, épongeait, rigole, gamme, virgule, gourde, gomme, génie, village, garagiste, rugir, bougie, mangea, gilet, rougeole, escargot.

GRAMMAIRE p.14

1 Va réveiller ton petit frère, aide-le à faire sa toilette et dis-lui de venir déjeuner. J'ai acheté le pain, les légumes, les fruits et la viande. Ouvre ta valise, range ta serviette, ton pyjama, tes chemises et ta trousse de toilette.
2 Pourquoi tu ne réponds pas ? Quelle surprenante nouvelle ! Comme tu es élégante ! Quel fruit préfères-tu ? Avez-vous lu ce livre ? Quel magnifique paysage !
3 Elle s'arrêta devant la cage, observa attentivement le canari et s'écria : « Comme tu es petit et fragile ! »

CONJUGAISON p.15

1 *Passé* : avant-hier, l'année dernière, le mois dernier.
Présent : maintenant, en ce moment, actuellement.
Futur : dans un moment, bientôt, après-demain.
2 Maintenant, nous chantons. Demain, nous chanterons.
• Maintenant, elle lave. Demain, elle lavera.
• Maintenant, nous regardons. Demain, nous regarderons.
• Maintenant, ils devinent. Demain, ils devineront.
3 J'écoute (présent) • est parti (passé) • nous avons déjeuné (passé) • tombe (présent) • m'attendras (futur) • partirez (futur) • c'était (passé)

CORRIGÉS

Unité 3

VOCABULAIRE p.16

① ACDMV • BEFLT • GHMNX • JKOWY

② cuire, événement, nervure, opinion, remorque
• marge, méchant, miroir, morue, multiple
• cube, culotte, cupide, cure, cuvette

③ plaque qui recouvre une plaie • tableau sans valeur • partie dorée du pain

ORTHOGRAPHE p.17

① pantalon, champignon, jambon, manteau, bambou, chanter, camper, candidat, danser, chambre.

② emporter, embêter, enrouler, entendre, furieusement, enfant, vent, fendre, emménager, empereur.

③ introduire, singe, impôt, impression, impossible, inconnu, individu, imbécile, imparfait, incendie.

④ comprendre, content, compter, monstre, ongle, composer, monter, fondre, l'ombre, pompier.

⑤ cousine, chaussures, voisine, briser, dessous, brosser, mousse, ardoise, coiffeuse, buisson.

⑥ visage, rousse, menuisier, chemise, presse, désertique, désolé, dessus, désigner, maison.

GRAMMAIRE p.18

① *Souligner* : enfant, canard, stylo, gomme, girafe, colle, armoire, fauteuil, cendrier, fleur, maison, poule, mouton.

② *Souligner* : Notre maison, ce village. • La maitresse, les livres. • La princesse, un château. • La neige, le sol. • Les oiseaux, la région.

③ *Par ex.* : la pluie • un animal • le mur • les mouches • des ballons • mes mains.

④ *Noms propres* : Alex, Nicole, Espagne, Italie, Mélanie, Europe. *Noms communs* : carnet, dictionnaire, bras, œil, lit, mur.

CONJUGAISON p.19

① Ils/Elles placent • Il/Elle ou Je berce • Nous calculons • Tu profites • Il/Elle ou Je mange • Vous refusez • Nous saluons • Tu arroses • Ils/Elles roulent • Vous regardez

② Nous ramenons • Ils rêvent • Je trouve • Elle regarde • Vous ajoutez • Tu arrives • Vous remarquez • Elles reculent • Je raconte • Nous campons

③ brosser • calmer • proposer • appeler • présenter • sauter

④ je ramasse, tu ramasses, il/elle ramasse, nous ramassons, vous ramassez, ils/elles ramassent • je quitte, tu quittes, il/elle quitte, nous quittons, vous quittez, ils/elles quittent • j'agite, tu agites, il/elle agite, nous agitons, vous agitez, ils/elles agitent • je presse, tu presses, il/elle presse, nous pressons, vous pressez, ils/elles pressent.

Unité 4

VOCABULAIRE p.20

① salie • réponse • boule • tricheurs

② renversé • imprimerie • situé en dessous • événement

③ *Souligner* : J'ai la liste des ingrédients à mettre dans mon gâteau. On l'a regardé comme un intrus, car il n'était pas prévu à l'anniversaire.

ORTHOGRAPHE p.21

① accentuer, accessoire, luxe, accélérer, accent, accès, accident, texte, expliquer, boxe.

② accepter, expédier, exposition, accélérateur, accessible, prétexte, explosion, extraordinaire, exprimer, exquis.

③ écaille, écarter, échapper, père, élève, problème, dictée, réponse, fève, fièvre.

④ fenêtre, sorcière, vêtement, chèvre, piège, dernière, forêt, planète, bête, fidèle.

⑤ pelle, pièce, rondelle, derrière, lunettes, sèche, zèbre, mouette, semelles, quatrième, incessant, selle, sieste, siècle, siège, sève, verre, veste.

GRAMMAIRE p.22

① *Souligner* : joli • triste • sombre • frisé • blanche • superbe • bonne • sage • pauvre • petite • électrique • douce • ancienne • sale • forte

② *Souligner* : roses, râpeuse, douces, mignon, petit.

③ *Par ex.* : un jeune renard argenté • une jolie maison neuve • un grand bruit désagréable • une élégante robe bleue • des longues vacances ensoleillées

④ *Par ex.* : un roi avare • une lumière aveuglante • un moteur puissant • des iles mystérieuses • un animal sauvage • une mission dangereuse • un élève nouveau • des exercices faciles

⑤ *Par ex.* : oiseau cruel, ses grandes ailes, son bec crochu. un cri aigu, un bruit épouvantable.

CONJUGAISON p.23

① Il/Elle a la solution. Nous avons une belle classe. Tu as du temps. Vous avez le choix. Ils/Elles ont faim. J'ai froid.

② Ce monsieur a un très beau chapeau. Tu as de la chance. Vincent et toi avez mal aux pieds. Les oiseaux ont des plumes. J'ai peur qu'il ne vienne pas. Norbert et moi avons un chien.

③ Vous êtes en retard. Tu es le seul à connaitre mon secret. Ils/Elles sont de mon avis. Nous sommes contents de te voir. Il/Elle est en avance. Je suis fatiguée.

④ Le ciel est bleu. Mon voisin et moi sommes amis. Je suis dans ma chambre. François et toi êtes à l'atelier de théâtre. Les bouteilles sont en plastique. Tu es dans l'escalier.

5 Je suis dans la cour, tu es dans la cour, il/elle est dans la cour, nous sommes dans la cour, vous êtes dans la cour, ils/elles sont dans la cour.

4 Il va • Ils vont • Tu vas • Vous allez • Je vais • Ils vont
5 Tu fais • Nous faisons • Ils font • Je fais • Elle fait • Vous faites

Unité 5

VOCABULAIRE p.24

1 rond/cercle • garde/escorte • emploi/travail • faute/erreur • alentours/environs • voiture/véhicule

2 harassant/épuisant • joyeux/content • adroit/habile • horrible/épouvantable • semblable/identique • rêveur/songeur

3 disperser/éparpiller • surveiller/guetter • se rassembler/se grouper • grimper/escalader • apprendre/enseigner • voyager/se déplacer

4 faire peau neuve/se transformer • jeter l'argent par les fenêtres/gaspiller • taper sur les nerfs/agacer • se trouver nez à nez/être face à face

5 *Par ex.* : images – illustrations, gravures, dessins, photos… • indique – montre, désigne, explique… • instrument – outil, ustensile. • interdit – défendu.

ORTHOGRAPHE p.25

1 On a adopté • Les perroquets ont • On part • On t'enverra • On a ouvert • Les pêcheurs ont capturé • Doit-on • On s'endort

2 Ce lapin est • des feuilles sèches et des champignons • Le vent est frais • Il a plu, et ensuite • à la pistache et à la vanille • Olivia est prête • la tour Eiffel et l'Arc de triomphe • Cette phrase est courte • Où est ton cahier ? • Il se lève et fait sa toilette.

3 à sept heures, il va à l'école • Le tigre a • est à ma ceinture • Mon oncle a des cadeaux • On frappe à la porte, qui a une lettre • à Noël et une autre à Pâques • La chèvre a

GRAMMAIRE p.26

1 *Singulier* : une mouche, une voiture, la France, un escalier, un cahier, ton cadeau. *Pluriel* : mes chaussures, tes livres, les trains, les Pays-Bas, nos vêtements, leurs cousins.

2 *Par ex.* : Tu entends les avions • Nous prenons nos affaires • Vous mangez les haricots • répare les voitures • aime les jeux sportifs • Les touristes attendent • Les feuilles poussent • Les lions chassent • Les canards plongent

3 des petits lapins • des poils blancs • des animaux intelligents • des armes dangereuses • des scènes amusantes • des pas rapides

CONJUGAISON p.27

1 *Souligner* : rougir, fleurir, avertir, pétrir, brunir, obéir.

2 Je finis • Vous remplissez • Elle applaudit • Tu démolis • Ils avertissent • Nous choisissons

3 Vous tenez • Je tiens • Ils tiennent • Le clou tient • Nous tenons • Tu lui tiens

Unité 6

VOCABULAIRE p.28

1 richesse/pauvreté • ami/ennemi • bien/mal • jeunesse/vieillesse • paix/guerre • perte/gain

2 reposant/fatigant • nouveau/ancien • innocent/coupable • joyeux/triste • présent/absent • étroit/large

3 accepter/refuser • accrocher/décrocher • acheter/vendre • ajouter/soustraire • monter/descendre • ouvrir/fermer

4 en bas/en haut • dedans/dehors • près de/loin de • beaucoup/peu • toujours/jamais • devant/derrière

5 diminution • démolissent • coucher

ORTHOGRAPHE p.29

1 son livre • sa pièce • son chat • son crayon • son déjeuner • sa mère • son père • son dictionnaire • son jeu • sa viande • sa ville • son village • son fromage • sa table • sa serviette

2 son repas • sont assis • son pelage • son voisin • sont terminés • sont grandes • Son poème • son sac • les verres sont • son camion

3 Mes dents, mais elles • mes amis, mais ils • mes billes • Mes jouets, mais ils • mes aventures, mais il • Mais où est

4 mes cousins, mais ils • mes photos • mais il • mais on • mes voyages, mais je • mes crayons, mais ne les • mais sois

GRAMMAIRE p.30

1 *masculin* : un papillon, un oiseau, ce pays, ce tiroir, son col, le signal.
féminin : une pie, la grange, cette poire, sa rose, la gare, son étoile.

2 *masculin* : l'ours, l'orage, l'abonnement, l'accent, l'acteur, l'achat.
féminin : l'otarie, l'abeille, l'oreille, l'orange, l'étiquette, l'olive.

3 un chapeau noir • une pomme mure • un manteau usé • des cheveux bruns • un roi riche • une branche cassée

CONJUGAISON p.31

1 calculé • placé • posé • pressé • reculé • lavé • quitté • rêvé • trouvé • raconté • ajouté • existé

2 guéri • sali • saisi • averti • grandi • maigri • rougi • applaudi • nourri • réussi • franchi • fleuri

3 produit(e) • construit(e) • mis(e) • promis(e) • appris(e) • écrit(e) • compris(e) • fait(e) • dit(e) • soustrait(e) • peint(e) • satisfait(e) • instruit(e) • détruit(e) • distrait(e) • craint(e) • surpris(e) • conduit(e)

CORRIGÉS

Unité 7

VOCABULAIRE p.32

1 pin, pain • cour, court • chêne, chaine • faim, fin
2 foie, fois • moi, mois
3 bise • cachet • moule • centre

ORTHOGRAPHE p.33

1 cette table • ce car • cet éléphant • cette boite • ces pommes • cette image • ce stylo • ces arbres
2 un balcon • une soupe • un(e) enfant • des lions • une aventure • un dessin • une souris • des voitures
3 ce froid • cette fenêtre • ces poissons • cet ami • ces brosses • cette mousse • ce chant • cette fille • cet arrêt • ces efforts • ces fusées • cette algue
4 ce tableau • se cacher • se ramassent • ce paysage • Ce serveur se présente • ce renard • Ce vase se remarque • se lève

GRAMMAIRE p.34

1 Ce champignon rouge est dangereux. Mon père aime les spaghettis. Mes amis m'ont annoncé la nouvelle. La maitresse pose une question.
2 *Souligner* : Le cheval • Cet instrument • Les camions • Les marins • Les hommes • La petite fille • Le chef de gare
3 chuchote • coupent • s'arrêtent • pleure • tombent • aiment • décorent • prennent • fleurissent

CONJUGAISON p.35

1 J'ai raconté une histoire. • Tu as trouvé une bille. • Il a mangé de l'ananas. • Nous avons ramassé des noisettes. • Vous avez regardé un film. • Elles ont posé une question.
2 je suis entré • tu es entrée • Geoffroy est entré • Christian et mon père sont entrés • Juliette et Élisabeth sont entrées • Mes cousins sont entrés.
3 Je suis allée • Tu es venue • Elle est descendue • Nous sommes arrivées • Vous êtes venues • Elles sont parties.

Unité 8

VOCABULAIRE p.36

1 dé/tacher • re/laver • dé/conseiller • ir/respirable • in/actif • trans/percer • mal/heureux • im/poli • dis/paraitre • dé/rouler.
2 refaire • reprendre • reposer • reporter • refleurir • replier • redire • relancer • rechausser • relire • recoudre • recouvrir
3 irrégulier • malhonnête • inattendu • débloquer • maladroit • déranger • invisible • irréel • irremplaçable • irréparable • dégeler • incertain • inacceptable • malchanceux
4 reboucher, déboucher • recoiffer, décoiffer • recoller, décoller • replacer, déplacer

ORTHOGRAPHE p.37

1 Ces crabes • ses aventures • ses couleurs • ses lettres • Ces souris • ces maisons • ses vacances • Ces singes • ces confitures • Ces musiciens
2 c'est l'heure • C'est un avion • Il s'est préparé • s'est écroulé • C'est le 21 • c'est en travaillant • c'est un virage • s'est éloigné • c'est un catalogue • il s'est baigné.
3 bien présenter • On lui a proposé • tu dois ajouter, mélanger • Elle a profité, qu'on a donné • Je veux terminer, j'ai commencé • te presser, nous allons arriver.

GRAMMAIRE p.38

1 *Souligner* : Mon petit frère ne marche pas encore. Il ne met jamais son blouson. Je n'utilise pas la machine à calculer. Max n'est pas encore célèbre.
2 Les gens du village n'arrivent pas à la mairie. Je ne monte jamais à cheval. Le géant n'habite pas une grotte. Le Petit Poucet n'a pas grimpé au sommet d'un arbre. Personne ne frappe à la porte. Ce maçon n'est pas très prudent.
3 Cet individu n'est pas honnête. Cette nouvelle n'est pas attendue. Cet enfant n'est pas heureux. La montagne n'est pas visible. Ma montre n'est pas réparable. L'ouvrier n'est pas chanceux.

CONJUGAISON p.39

1 Nous couperons • Ils/Elles guériront • Tu chanteras • Il/Elle dansera • Vous remplirez • Je planterai.
2 Tu camperas • Nous franchirons • Elle ramassera • Vous grandirez • Ils présenteront • Je réunirai.
3 Le plat refroidira • Je nourrirai • Vous marcherez • Les spectateurs applaudiront • Tu présenteras • Nous remplirons.
4 je fermerai, tu fermeras, il/elle fermera, nous fermerons, vous fermerez, ils/elles fermeront
• je trouverai, tu trouveras, il/elle trouvera, nous trouverons, vous trouverez, ils/elles trouveront
• je saluerai, tu salueras, il/elle saluera, nous saluerons, vous saluerez, ils/elles salueront.

Unité 9

VOCABULAIRE p.40

1 suffixe -ier : plombier, menuisier, pompier. -iste : dentiste, graphiste, garagiste. -ien : électricien, pharmacien, mécanicien. -eur : chanteur, danseur, directeur.
2 la pâleur • la rougeur • la minceur • la blancheur • la grosseur • la noirceur
3 laver/lavage • repasser/repassage • afficher/affichage • arroser/arrosage • sécher/séchage
4 réparer/réparation • trembler/tremblement • réciter/récitation • remplacer/remplacement • occuper/occupation • rapprocher/rapprochement • lancer/lancement • inviter/invitation

ORTHOGRAPHE p.41

1 otaries • lits • caisses • chiens • roses • magasins • bouteilles • minutes • jours • fourches

2 anneaux • cheveux • rideaux • signaux • ciseaux • oiseaux • milieux • chevaux • métaux • adieux

3 bijoux • nez • fous • écrous • hiboux • cous • choux • croix • clous • noix • verrous • os • tapis • radis • cailloux • bois • joujoux • genoux

GRAMMAIRE p.42

1 *Par ex.* : Qui a vu le géant vert ? Combien coute cette voiture ? Pourquoi es-tu seul ? Comment pars-tu en vacances ? Quand fêterez-vous votre anniversaire ?

2 Est-ce que nous partirons en fin d'après-midi ? Est-ce que la sorcière a fermé la porte ? Est-ce que Louis aime le cirque ? Est-ce que les chameaux vivent dans le désert ?

3 Entends-tu ? Partons-nous ? Travaillent-elles ? Comprend-il ? Buvez-vous ? Jouent-ils ?

4 Le lion rugit-il dans la cage ? Marie emportera-t-elle ses disques ? Pierre et Nicolas font-ils un exposé ? Le cycliste grimpe-t-il la côte ?

CONJUGAISON p.43

1 j'aurai, tu auras, il/elle aura, nous aurons, vous aurez, ils/elles auront.

2 je serai, tu seras, il/elle sera, nous serons, vous serez, ils/elles seront.

3 je dirai, tu diras, il/elle dira, nous dirons, vous direz, ils/elles diront.

4 je prendrai, tu prendras, il/elle prendra, nous prendrons, vous prendrez, ils/elles prendront.

5 Nous pourrons • Je construirai • Ils devront • Tu voudras • Vous mettrez • Elle boira

6 j'irai, tu iras, il/elle ira, nous irons, vous irez, ils/elles iront • je viendrai, tu viendras, il/elle viendra, nous viendrons, vous viendrez, ils/elles viendront • je ferai, tu feras, il/elle fera, nous ferons, vous ferez, ils/elles feront • je verrai, tu verras, il/elle verra, nous verrons, vous verrez, ils/elles verront.

Unité 10

VOCABULAIRE p.44

1 lav/er, lav/able, lav/age, lav/erie, lav/oir • séch/er, des/séch/er, séch/oir, séch/age, séch/eresse • affich/er, affich/e, affich/age, affich/ette, affich/eur • group/er, re/group/er, group/e, re/group/ement, group/uscule.

2 encourager, encourageant, encouragement • admirer, admirable, admiration • raisonner, raisonnable, raisonnement • épuiser, épuisant, épuisement • imaginer, imaginable, imagination.

3 dent : dentiste, dentition, dentifrice, dentelé, édenté… • charger : chargement, chargeur, décharge, décharger, surcharger… • libre : librement, libérer, libérateur, libération, liberté… • présenter : présence, présentable, présentateur, présentation, présentoir.

ORTHOGRAPHE p.45

1 jaunes • intelligents • usés • pointus • superbes • transparents • craintifs • fragiles

2 postaux • beaux • amicaux • féodaux • verticaux • nouveaux • originaux • géniaux

3 des jeux normaux • des exercices oraux • des chiens boiteux • des chats peureux • des matchs nationaux • des cheveux bouclés • des événements mondiaux

GRAMMAIRE p.46

1 *Souligner* : Quel bon orchestre ! Que tu m'énerves !

2 Oh, le passionnant roman ! Oh, l'imprudent conducteur ! Oh, la superbe robe !

3 Que la journée m'a semblé longue ! Que ce remède est énergique ! Qu'il est désagréable aujourd'hui ! Que j'aime le printemps !

4 Comme le vieux cheval est fatigué ! Comme il joue bien du violon ! Comme ce train est rapide ! Comme cette fillette a froid !

5 Quel fauteuil confortable ! Quel insecte minuscule ! Quel matin triste ! Quel ouvrier habile !

CONJUGAISON p.47

1 *passé proche* : Martial vient de déjeuner. Vous venez de gonfler le ballon. La maison vient d'être construite.
futur proche : Elle va bientôt guérir. Nous allons l'emmener. Les feuilles vont repousser.

2 Les oiseaux viennent de faire leurs nids. Le mécanicien vient de réparer une voiture. Les moutons viennent de brouter l'herbe.

3 Je vais voir un spectacle de cirque. Elle va avoir un nouvel ordinateur. Cet acteur va jouer le rôle principal.

4 j'ai choisi, je viens de choisir, je choisirai, je vais choisir • elle a trouvé, elle vient de trouver, elle trouvera, elle va trouver • vous avez mangé, vous venez de manger, vous mangerez, vous allez manger • nous sommes parti(e)s, nous venons de partir, nous partirons, nous allons partir.

Unité 11

VOCABULAIRE p.48

1 L'avion vole. Quentin lit. Mon chien aboie. Une fleur rose pousse. Son frère s'amuse. Ma poupée dort.

2 Patrick élève des lapins. Mon père utilise une voiture. Le jardinier cultive des légumes. Cet oiseau pousse un cri. Mireille porte une jolie robe. Mon voisin possède une belle maison.

3 examiner • assister à ce spectacle • consulter un médecin • rencontrer ses amis • visiter un pays

CORRIGÉS

ORTHOGRAPHE p.49

① habitante • voisine • cousine • écolière • mariée • étudiante • lionne • musicienne

② boulangère • charcutière • menteuse • chanteuse • championne • pharmacienne • paysanne • directrice

③ jument • femme • fille • tante • mère • dame

④ allée, soirée, clé, idée, arrivée, matinée, marée, journée, pensée, araignée, liberté, dictée, fierté, montée, bonté, cruauté, jetée, pauvreté.

GRAMMAIRE p.50

① C'est un coquillage que je cherche. C'est son nid que l'oiseau construit. C'est sous l'escalier que les enfants se cachent. C'est hier que nous avons planté des fleurs.

② J'ai visité Paris l'année dernière. Tu prends une cuillère. Le pharmacien m'a vendu un médicament.

③ *Souligner :* Dans le jardin • pendant deux jours • dans le salon • dans le ciel • au bord de la route

④ *Souligner :* l'ampoule de la salle de bains • une belle histoire • sa voiture • son exercice de grammaire • de nombreuses photos

CONJUGAISON p.51

① Nous coupions • Je/Tu mangeais • Ils/Elles parlaient • Nous réfléchissions • Il/Elle grandissait.

② Tu trouvais • Nous guérissions • Ils agissaient • Je ramassais • Elle rangeait • Vous obéissiez.

③ Les trois hommes écoutaient • Mon chien et moi marchions • La neige tombait • Les spectateurs applaudissaient • Chantal et toi assistiez • Tu cherchais.

④ je roulais, tu roulais, il/elle roulait, nous roulions, vous rouliez, ils/elles roulaient • je choisissais, tu choisissais, il/elle choisissait, nous choisissions, vous choisissiez, ils/elles choisissaient • je réunissais, tu réunissais, il/elle réunissait, nous réunissions, vous réunissiez, ils/elles réunissaient.

Unité 12

VOCABULAIRE p.52

① blanc/neige • rouge/tomate • noir/charbon • jaune/citron • bleu/ciel sans nuages • vert/martien

② bête/âne • malin/singe • gai/pinson • sale/cochon • lent/escargot • piquant/hérisson

③ répéter/perroquet • dormir/marmotte • bondir/chat • nager/poisson • siffler/merle • sauter/cabri

④ *Par ex. :* léger/plume • sage/image • doux/agneau • gros/éléphant • aimable/ours • raide/piquet

⑤ *Par ex. :* briller/étoile • voler/oiseau • ramper/serpent • rugir/lion • manger/ogre

ORTHOGRAPHE p.53

① mure • affamée • bavarde • petite • noire • claire • matinale • cirée • bonne • gentille • naturelle • courageuse • heureuse • éternelle • curieuse

② étrangère • amère • entière • régulière • droitière • aventurière • journalière • rouge • honnête • noble • sensible

GRAMMAIRE p.54

① Il choisit des chaussures et il les met.
Maman prépare un gâteau et le met au four.
Il cherche un DVD et le regarde.
Le lion poursuit sa proie et la mange.

② Nous la leur écrivons. • Maman la lui chante. • Les parents leur font confiance. • Je lui demanderai de m'aider. • Tu n'en prends jamais.

③ je **les** compte • il **la** conduit • **le** pose sur la table • **l'**appelle • **le** remplit d'eau • elle **y** pense souvent.

④ *Par ex. :* ta plume, ta gomme, ta règle, ta veste… (un nom féminin singulier). • une carte ou une lettre • papa ou maman • mes cheveux • un timbre.

CONJUGAISON p.55

① Ils/Elles avaient • J'avais mon chien • Nous avions une classe • Il/Elle avait un cartable • Vous aviez le temps • Tu avais ton chapeau.

② Vous aviez un nouveau • J'avais du mal • Nous avions quelques jours • Elle avait sa robe • Tu avais de beaux cheveux • Les arbres avaient

③ Vous étiez déjà en route • J'étais le plus • Ils/Elles étaient en retard • Tu étais (ou J'étais) près du but • Nous étions sur le point de • Il/Elle était en train de

④ Nous étions deux vrais amis • Tu étais dans • Ils étaient trop nombreux • Elle était contrariée • Étiez-vous à la fête ? • J'étais trop faible

⑤ Nous étions douze à table. • J'étais le capitaine de l'équipe. • Les fleurs étaient ouvertes.

Unité 13

VOCABULAIRE p.56

Fais vérifier par un adulte.

ORTHOGRAPHE p.57

① Il est entêté. • Elles sont fleuries. • Elle est flétrie. • Ils sont cassés. • Ils sont égarés. • Elle est appliquée. • Elles sont boisées. • Il est rayé.

CORRIGÉS

2 sortie • venus • pressé • pointus • gelée • tombées • fendu • réservées • bouilli • fondue • frisés • garanties

3 passé • décorées • cassées • revenue • tombés • guéri(e)s • cirées • flambée • gonflé • habitués • vidée • inondés

4 partis • arrivés • brossés • cueillis • ramassées • arrosées • finis • calculés • remplis • salies

GRAMMAIRE p.58

1 *Souligner* : dans sa cage • au marché • dans le sol • dans le placard • sur l'ouest de la France • dans la cour • sur l'étagère • Au bord de la mer • derrière l'arbre • dans la cuisine

2 *Par ex.* : se promène dans la forêt • son nid sur la branche • un foulard autour du cou • Dans ces sous-bois poussent

3 *Souligner* : hier • Dimanche • à 10 heures • pendant une heure • pendant quarante minutes • l'année dernière • L'année prochaine • pendant dix minutes • Tout à l'heure

4 *Par ex.* : vers midi • Demain, j'irai • va commencer bientôt • Cet hiver, nous ferons

CONJUGAISON p.59

1 L'ingénieur voulait • Les fusées permettaient • Je ne disais, ce que je recevais • on vivait • Tu conduisais • Nous achetions • Vous deviez faire

2 Les alpinistes partaient • Les hommes vivaient • Ils obtenaient • Tu nous servais • Je construisais

3 j'allais, tu allais, il/elle allait, nous allions, vous alliez, ils/elles allaient • je venais, tu venais, il/elle venait, nous venions, vous veniez, ils/elles venaient • je faisais, tu faisais, il/elle faisait, nous faisions, vous faisiez, ils/elles faisaient • je voyais, tu voyais, il/elle voyait, nous voyions, vous voyiez, ils/elles voyaient.

4 Tu suivais son exemple. • Elle prenait son temps. • Ils ouvraient la porte. • Les enfants buvaient du lait.

Unité 14

VOCABULAIRE p.60

1 asperge • bascule • brasser • phrases • gymnase • matelas

2 amer • loupe • crampe • chien • poli

3 *Par ex.* : mon premier est en tissu (drap). Mon second recouvre mon corps (peau). • Mon premier transporte des voyageurs (car). Mon second est utile au Père Noël (hotte). • Mon premier est un arbre (pin). J'entends mon second (son).

ORTHOGRAPHE p.61

1 leur voyage • leurs animaux • leur restaurant • leurs pelouses • leur avion • leurs vacances • leurs bagages • leur bureau • leurs dents • leurs légumes • leur imprudence • leur chance

2 Leur soirée • Je leur dirai • Elle leur garde leurs plantes • Je leur emporte leurs gouters • Le gardien leur ouvre leurs cages • leurs œufs • leurs poissons • Ils leur achètent leurs livres

3 le 12 ou le 13 • où elle a rangé • du gâteau ou un fruit • Où pars-tu • où va ce bateau

4 où il est, à la piscine ou au judo • Où est ton stylo ? • Savez-vous où mène ce chemin ? • Jérôme ou Nathalie ?

GRAMMAIRE p.62

1 *Souligner* : de pierre. • de café. • à la vanille. • d'Angleterre. • de perles. • de légumes. • de cartes. • de cartes.

2 Un chapeau de soleil / de paille.
Des sculptures en bronze / en plâtre.
Un sac de voyage / de sport.

3 *Adjectifs qualificatifs* : longue, chaud, vertes, grande, blanc, gentille.
Complément du nom : hiver, printemps, chêne, clown, conte, fées.

4 Dans l'herbe verte, un escargot cherche sa nourriture. Il aime les feuilles de salade et les jeunes pousses. Sa coquille est une protection très sure, elle lui sert de maison. La lenteur de l'escargot est bien connue.

5 Un bonbon à la menthe • Un temps de printemps • Un tissu en soie • Une place de village • Un chant d'Espagne.

CONJUGAISON p.63

1 *Souligner* : a pris • me suis baigné • il s'est bien essuyé les pieds • nous avons emporté • vous avez recommandés • sont partis.

2

Verbes conjugués au passé composé : action terminée et limitée dans le temps.	Verbes conjugués à l'imparfait : action qui dure ou qui se répète.
ai pris froid.	prenait
a perdu / a dû	neigeait / était
es parti	

3 tu es • nous avons emprunté • j'ai • j'ai reçu • nous avons visité.

4 C'était le printemps, il y a longtemps. Le soldat est arrivé sans prévenir au village. Quelle joie cela a été un peu partout ! Il y a des années qu'il était parti. Les habitants se sont approchés de lui. Ils lui ont demandé ce qu'il avait fait pendant tout ce temps. Il leur a répondu qu'il avait fait la guerre.

ORTHOGRAPHE 7 — ce, cet, cette, ces • ce - se

JE SAIS DÉJÀ
Reconnaitre des homonymes.

JE COMPRENDS
- **Ce**, **cet**, **cette** et **ces** sont des **déterminants** qui font partie du groupe nominal. Ils servent à montrer, à désigner.
- Ces déterminants **s'accordent toujours avec le nom qui suit**.

ce lapin, **cet** enfant, **cette** fleur, **ces** cahiers.

CONSEILS PARENTS
Demandez à votre enfant de vous réciter des homonymes qu'il connait déjà : a/à, son/sont…

1. Remplace un, une et des par ce, cet, cette et ces.
un chou, ce chou / un œuf, cet œuf / une bille, cette bille / des chats, ces chats

- une table, ……………
- un éléphant, ……………
- des pommes, ……………
- un stylo, ……………
- un car, ……………
- une boite, ……………
- une image, ……………
- des arbres, ……………

2. Remplace ce, cet, cette, ces par un, une ou des.

- ce balcon, ……………
- cet enfant, ……………
- cette aventure, ……………
- cette souris, ……………
- cette soupe, ……………
- ces lions, ……………
- ce dessin, ……………
- ces voitures, ……………

3. Complète avec ce, cet, cette ou ces.

- …… froid
- …… fenêtre
- …… poissons
- …… ami
- …… brosses
- …… mousse
- …… chant
- …… fille
- …… arrêt
- …… efforts
- …… fusées
- …… algue.

JE COMPRENDS
Attention ! Il faut bien faire la différence entre **ce** (déterminant) et **se** (qui accompagne un **verbe** : se laver, se presser…).

Essaie de remplacer **ce** par **un** et **se** par **me**.

4. Complète avec ce ou se.

- J'aime …… tableau.
- Mon chat aime …… cacher.
- Les champignons …… ramassent en automne.
- Nous aimons …… paysage.
- …… serveur …… présente bien.
- Il est rusé …… renard.
- …… vase …… remarque tout de suite.
- Mon frère …… lève de bonne heure.

Corrigés p. 5

Plus d'exercices et de conseils sur www.hatier-entrainement.com

33

GRAMMAIRE 7 — Le groupe sujet • La relation sujet-verbe

JE SAIS DÉJÀ

Repérer le verbe dans une phrase.

JE COMPRENDS

Le **groupe sujet** peut être un nom commun, un nom propre, un pronom ou un groupe nominal.

Pour dire	on trouve les pronoms personnels sujets
moi ou **quelqu'un et moi**	**je** ou **nous**
toi ou **quelqu'un et toi**	**tu** ou **vous**
un nom commun féminin	**elle**
un nom commun masculin	**il**. On accorde au pluriel : **elles**, **ils**.

Le crocodile dort. = **Il** dort.
La girafe mange des feuilles. = **Elle** mange des feuilles.

CONSEILS PARENTS

Matérialisez devant votre enfant la chaine d'accord du sujet et du verbe, en entourant les marques du pluriel : le(s) mouche(s) vol(ent).

---

1 Transforme les phrases selon le modèle et souligne le sujet.
C'est <u>Pierre</u> qui est malade. → <u>Pierre</u> est malade.

- C'est ce champignon rouge qui est dangereux. → ....
- C'est mon père qui aime les spaghettis. → ....
- Ce sont mes amis qui m'ont annoncé la nouvelle. → ....
....
- C'est la maitresse qui pose une question. → ....

2 Souligne les sujets des verbes.
- Le cheval quitte l'écurie. • Cet instrument produit des sons agréables.
- Les camions sont en panne. • Les marins abordent la côte. • Les hommes ont eu peur. • La petite fille se retrouve au chaud. • Le chef de gare donne le signal.

JE COMPRENDS

▸ **Il faut accorder le verbe avec son sujet.**

Une mouche vol**e**. Elle vole.   Des mouche**s** vol**ent**. Elles volent.
(sing.) (sing.)   (plur.) (plur.)

▸ Quand il y a **plusieurs sujets**, le **verbe** est au **pluriel**.

Marine et Julie chant**ent**.

Seuls les verbes s'écrivent avec **ent** à la fin pour marquer le pluriel.

3 Accorde les verbes avec leurs sujets.
- Il chuchot........... • Les enfants coup........... le gâteau. • Les deux frères s'arrêt......... • Martine pleur....... • Les garçons tomb......... dans le bassin. • Elles aim......... le sport. • Le dessin et la photo décor......... la classe. • Jean et Louis prenn......... leur gouter. • Le prunier et le pommier fleuriss......... .

Corrigés p. 5

Plus d'exercices et de conseils sur **www.hatier-entrainement.com**

CONJUGAISON 7 — Le passé composé

JE SAIS DÉJÀ
Conjuguer les verbes du premier groupe au passé composé.

JE COMPRENDS
Le passé composé est formé de l'auxiliaire **avoir** ou de l'auxiliaire **être** **au présent** et du **participe passé**.

j'**ai sauté**, tu **as sauté**, il ou elle **a sauté**,
nous **avons sauté**, vous **avez sauté**, ils ou elles ont **sauté**.

CONSEILS PARENTS
Dites à votre enfant que le participe passé conjugué avec l'auxiliaire avoir ne s'accorde pas avec le sujet du verbe.

1 Transforme ces phrases en suivant le modèle.
Je préfère cette chanson. → J'ai préféré cette chanson.

- Je raconte une histoire. → ....
- Tu trouves une bille. → ....
- Il mange de l'ananas. → ....
- Nous ramassons des noisettes. → ....
- Vous regardez un film. → ....
- Elles posent une question. → ....

JE COMPRENDS
Le participe passé employé avec l'auxiliaire **être s'accorde avec le sujet**.

je suis part**i(e)**, tu es part**i(e)**, il ou elle est part**i(e)**,
nous sommes part**i(e)s**, vous êtes part**i(e)s**, ils ou elles sont part**i(e)s**.

2 Écris le verbe **entrer** au passé composé.

- Moi, Nicolas, je .... dans le magasin. • Toi, Carine, tu .... chez l'épicier. • Geoffroy .... dans le cercle. • Christian et mon père .... dans le salon.
- Juliette et Élisabeth .... dans la cuisine.
- Mes cousins .... dans la maison.

3 Écris les verbes entre parenthèses au féminin du passé composé.

- Je (**aller**) .... au marché. • Tu (**venir**) .... toute seule. • Elle (**descendre**) .... de l'échelle. • Nous (**arriver**) .... à l'heure. • Vous (**venir**) .... avec vos parents. • Elles (**partir**) .... en vacances.

Fais bien l'accord en genre et en nombre.

Corrigés p. 5

BRAVO ! Tu as fini le chapitre 7.
Rendez-vous sur le site www.hatier-entrainement.com
pour encore plus d'exercices et de conseils !

8 Les préfixes

JE SAIS DÉJÀ
Repérer des mots de la même famille.

JE COMPRENDS
On peut obtenir de nouveaux mots à partir d'un mot en lui ajoutant, au **début**, un **préfixe**.

former : **dé**/former, **re**/former, **trans**/former.

CONSEILS PARENTS
Habituez votre enfant à décomposer un mot inconnu en préfixe et radical pour trouver son sens.

★ **1** Recopie ces mots en séparant d'un trait le préfixe du reste du mot.
- détacher : ....
- déconseiller : ....
- inactif : ....
- malheureux : ....
- disparaitre : ....
- relaver : ....
- irrespirable : ....
- transpercer : ....
- impoli : ....
- dérouler : ....

★ **2** Trouve des mots nouveaux en ajoutant le préfixe **re-**.
- faire : ....
- porter : ....
- dire : ....
- lire : ....
- prendre : ....
- fleurir : ....
- lancer : ....
- coudre : ....
- poser : ....
- plier : ....
- chausser : ....
- couvrir : ....

★★ **3** Dis le contraire en utilisant l'un de ces préfixes : **dé-, mal-, ir-, in-**.
- régulier : ....
- attendu : ....
- adroit : ....
- visible : ....
- emplaçable : ....
- geler : ....
- acceptable : ....
- honnête : ....
- bloquer : ....
- ranger : ....
- réel : ....
- réparable : ....
- certain : ....
- chanceux : ....

Souviens-toi, **in** devient **ir** devant **r**.

★★ **4** Complète le tableau en ajoutant des préfixes.

verbes	re- = *de nouveau*	dé- = *contraire*
boucher		
coiffer		
coller		
placer		

Plus d'exercices et de conseils sur www.hatier-entrainement.com

ORTHOGRAPHE 8 — ces - ses • c'est - s'est • -er ou -é à la fin des verbes

JE SAIS DÉJÀ

Reconnaitre des homonymes.

JE COMPRENDS

▶ Il ne faut pas confondre **ces** (**déterminant**, voir page 33) et **ses** (déterminant qui veut dire **les siens**).

Regarde **ces** montagnes ! Il a pris **ses** skis.

▶ Il ne faut pas confondre **c'est** (**cela est**) et **s'est** (qui fait **partie** d'un **verbe**).

C'est une chance ! (**Cela est** une chance !) Il **s'est** coupé. (**se** + **couper**)

1 Complète avec ces ou ses.

• .... crabes marchent de travers. • Elle nous a raconté .... aventures. • Il a choisi .... couleurs préférées. • Elle lit .... lettres. • .... souris sont blanches. • Regarde .... maisons ! • Valentine prépare .... vacances. • .... singes sont drôles. • Aimes-tu .... confitures-là ? • .... musiciens jouent bien.

Pour t'aider, prononce les phrases au singulier : **ses** = **son**, **ces** = **ce**.

2 Complète avec c'est ou s'est.

• Reposez-vous, ... l'heure de la sieste ! • .... un avion qui a fait ce bruit. • Il .... préparé en silence. • Le mur .... écroulé. • .... le 21 septembre que commence l'automne. • Je pense que .... en travaillant que tu réussiras. • Roule lentement, ... un virage dangereux ! • Le train .... éloigné dans la fumée. • Je crois que .... un catalogue publicitaire. • Ce matin, il .... baigné.

JE COMPRENDS

Il ne faut confondre, **à la fin des verbes**, l'infinitif en **-er** et le participe passé en **-é**.

Je vais mang**er** le plat que j'ai prépar**é**.
(infinitif)   (participe passé)

CONSEILS PARENTS

La terminaison du participe passé et celle de l'infinitif des verbes du premier groupe se prononcent de manière identique. Astuce : remplacez le verbe par prendre.

3 Complète avec -er ou -é.

• Il faut bien présent..... ton travail. • On lui a propos..... un emploi.
• Tu dois ajout..... du sucre et bien mélang..... ta pâte.
• Elle a profit..... du conseil qu'on a donn..... à son frère.
• Je veux termin..... ce que j'ai commenc......
• Peux-tu te press..... un peu, nous allons arriv..... en retard !

Corrigés p. 5

Plus d'exercices et de conseils sur www.hatier-entrainement.com

GRAMMAIRE 8 — La phrase négative

JE SAIS DÉJÀ
Repérer une phrase négative.

JE COMPRENDS

❯ La phrase négative exprime le **contraire**.

Je range mes jouets. Non, je **ne** range **pas** mes jouets.

❯ Pour construire une phrase négative, on peut employer **ne … pas**, **ne … plus**, **ne … jamais**, **ne … rien**, **ne … personne**.

CONSEILS PARENTS
Insistez auprès de votre enfant sur la présence obligatoire du ne *dans une négation.*

1 Souligne les phrases qui sont négatives.
- Ils restent debout toute la journée.
- Mon petit frère ne marche pas encore.
- Il ne met jamais son blouson.
- La glace flotte sur les mers polaires.
- Je n'utilise pas la machine à calculer.
- La vendeuse a tes chaussures.
- Les avions décollent très vite.
- Max n'est pas encore célèbre.

2 Transforme en phrases négatives les phrases suivantes.
- Les gens du village arrivent à la mairie. → ....
- Je monte toujours à cheval. → ....
- Le géant habite une grotte. → ....
- Le Petit Poucet a grimpé au sommet d'un arbre. → ....
- Quelqu'un frappe à la porte. → ....
- Ce maçon est très prudent. → ....

Le contraire de toujours est **jamais**.
Le contraire de personne est **quelqu'un**.

3 Utilise les contraires (exercice n° 3, page 36) pour construire des phrases négatives.
Son travail est irrégulier. → Son travail n'est pas régulier.
- Cet individu est malhonnête. → ....
- Cette nouvelle est inattendue. → ....
- Cet enfant est malheureux. → ....
- La montagne est invisible. → ....
- Ma montre est irréparable. → ....
- L'ouvrier est malchanceux. → ....

Corrigés p. 5

Plus d'exercices et de conseils sur
www.hatier-entrainement.com

CONJUGAISON 8 — Le futur des verbes en -er et en -ir

JE SAIS DÉJÀ
Conjuguer les verbes au futur.

JE COMPRENDS
Pour conjuguer au **futur** les verbes qui se terminent par **-er** ou **-ir** (comme **finir**), on ajoute à l'**infinitif** les terminaisons suivantes :
-ai, **-as**, **-a**, **-ons**, **-ez**, **-ont**.

> je passer**ai**, tu passer**as**, il ou elle passer**a**,
> nous passer**ons**, vous passer**ez**, ils ou elles passer**ont**.
> je finir**ai**, tu finir**as**, il ou elle finir**a**,
> nous finir**ons**, vous finir**ez**, ils ou elles finir**ont**.

CONSEILS PARENTS
Demandez à votre enfant de vous raconter des histoires qui se déroulent dans le futur, pour l'obliger à employer ce temps, à l'oral.

★ **1** Complète en ajoutant le pronom personnel.

- ……… couperons.
- ……… ou ……… guériront.
- ……… chanteras.
- ……… ou ……… dansera.
- ……… remplirez.
- ……… planterai.

★ **2** Complète les terminaisons des verbes au futur.

- Tu campe……… .
- Nous franchi……… .
- Elle ramasse……… .
- Vous grandi……… .
- Ils présente……… .
- Je réuni……… .

★★ **3** Écris les verbes entre parenthèses au futur.

- Le plat (**refroidir**) ……………… .
- Je (**nourrir**) ……………… mes lapins.
- Vous (**marcher**) ……………… sur la plage.
- Les spectateurs (**applaudir**) ……………… les artistes.
- Tu (**présenter**) ……………… ton exposé à tes camarades.
- Nous (**remplir**) ……………… la carafe d'eau fraiche.

★★ **4** Complète le tableau en conjuguant les verbes au futur.

	fermer	trouver	saluer
je			
tu			
il *ou* elle			
nous			
vous			
ils *ou* elles			

Attention ! Aux 1re et 3e personnes du pluriel, un verbe au futur se prononce de la même façon mais s'écrit différemment : nous manger**ons**, ils manger**ont**.

Corrigés p. 5

BRAVO ! Tu as fini le chapitre 8.
Rendez-vous sur le site www.hatier-entrainement.com pour encore plus d'exercices et de conseils !

VOCABULAIRE 9 — Les suffixes

JE SAIS DÉJÀ
Repérer des familles de mots.

JE COMPRENDS
À partir d'un mot, on peut en obtenir un nouveau en lui ajoutant, à la **fin**, un **suffixe**.

maison → maisonn/**ette** ; poli → polit/**esse** :
-**ette** et -**esse** sont des suffixes.

CONSEILS PARENTS
Créez des cartes avec des radicaux connus (par exemple : terre, chaud, froid…). Celui qui arrive à trouver le plus grand nombre de mots de la même famille a gagné.

1 Classe les noms de métiers dans les colonnes.
électricien, dentiste, chanteur, plombier, danseur, pharmacien, graphiste, directeur, menuisier, mécanicien, garagiste, pompier.

suffixe -ier	suffixe -iste	suffixe -ien	suffixe -eur

2 Trouve les noms formés avec le suffixe **-eur** à partir des verbes.
maigr/*ir* → la maigr/*eur*

- pâl/*ir* : la ....
- roug/*ir* : la ....
- minc/*ir* : la ....
- blanch/*ir* : la ....
- gross/*ir* : la ....
- noirc/*ir* : la ....

3 Trouve les noms formés avec le suffixe **-age** à partir des verbes.
action d'arrach/*er* → arrach/*age*

- L'action de lav/*er*, c'est le .... • L'action de repass/*er*, c'est le .... • L'action d'affich/*er*, c'est l'.................. • L'action d'arros/*er*, c'est l'.................. • L'action de séch/*er*, c'est le ....

Souviens-toi que les mots terminés en **-ation** ou en **-age** sont des noms.

4 Même consigne en utilisant les suffixes **-ation** ou **-ement**.

- répar/*er* : la ....
- trembl/*er* : le ....
- récit/*er* : la ....
- remplac/*er* : le ....
- occup/*er* : l'..................
- rapproch/*er* : le ....
- lanc/*er* : le ....
- invit/*er* : l'..................

Corrigés p. 5

Plus d'exercices et de conseils sur
www.hatier-entrainement.com

Le pluriel des noms

JE COMPRENDS

- Le plus souvent, les noms prennent un **s** au pluriel.
  un livre, des livre**s**.
- Les noms qui se terminent par **-au**, **-eau** ou **-eu** prennent, en général, un **x** au pluriel. des noyau**x**, des manteau**x**, des jeu**x**.
- Les noms qui se terminent par **-al** s'écrivent **-aux** au pluriel.
  des journ**aux**

CONSEILS PARENTS
Reliez avec un code couleur le s du déterminant avec le s ou le x du nom pour que votre enfant mémorise bien les exemples.

1. Écris les noms au pluriel.

- une otarie, des ....
- une caisse, des ....
- une rose, des ....
- une bouteille, des ....
- un jour, des ....
- un lit, des ....
- un chien, des ....
- un magasin, des ....
- une minute, des ....
- une fourche, des ....

2. Même consigne.

- un anneau, des ....
- un rideau, des ....
- un ciseau, des ....
- un milieu, des ....
- un métal, des ....
- un cheveu, des ....
- un signal, des ....
- un oiseau, des ....
- un cheval, des ....
- un adieu, des ....

JE COMPRENDS

- Les noms qui se terminent par **-ou** prennent un **s** au pluriel :
  un clou, des clou**s**, sauf **bijou**, **caillou**, **chou**, **genou**, **hibou**, **joujou** et **pou**, qui prennent un **x**.
- Les noms qui se terminent par **x**, **s** ou **z** au singulier ne changent pas :
  une souris, des souris ; un nez, des nez.

3. Écris les noms au pluriel.

- un bijou, des ....
- un écrou, des ....
- un chou, des ....
- une noix, des ....
- un tapis, des ....
- un caillou, des ....
- un joujou, des ....
- un nez, des ....
- un hibou, des ....
- une croix, des ....
- un verrou, des ....
- un radis, des ....
- un bois, des ....
- un genou, des ....
- un fou, des ....
- un cou, des ....
- un clou, des ....
- un os, des ....

Lis ce poème de Robert Desnos
« Ce sont les mères des hiboux, / Qui désiraient chercher les poux, / De leurs enfants, leurs petits choux, / En les tenant sur les genoux. / Leurs yeux d'or valent des bijoux, / Leur bec est dur comme cailloux, / Ils sont doux comme joujoux. / Mais aux hiboux point de genoux. »

Corrigés p. 6

Plus d'exercices et de conseils sur
www.hatier-entrainement.com

GRAMMAIRE 9 — La phrase interrogative

JE SAIS DÉJÀ
Repérer une phrase interrogative.

JE COMPRENDS
La phrase interrogative sert à interroger, à poser des questions, à demander des informations. Elle se termine toujours par un **point d'interrogation** (**?**).

Où es-tu né **?** Quel âge as-tu **?**

CONSEILS PARENTS
Jouez à des jeux de devinettes avec votre enfant. Il faut poser des questions précises pour trouver un objet, une personne, un lieu, que l'autre a dans la tête.

1 Écris des phrases interrogatives avec les mots indiqués. Attention ! Le pronom personnel est toujours après le verbe.
Avez-vous ? Es-tu ?

- Qui ....
- Combien ....
- Pourquoi ....
- Comment ....
- Quand ....

N'oublie pas le **tiret** entre le verbe et le pronom personnel.

2 Transforme les phrases affirmatives (celles qui racontent, qui disent, qui affirment) en phrases interrogatives en suivant le modèle.
Vous avez rencontré vos amis. → Est-ce que vous avez rencontré vos amis ?

- Nous partirons en fin d'après-midi. → ....
....
- La sorcière a fermé la porte. → ....
- Louis aime le cirque. → ....
- Les chameaux vivent dans le désert. → ....

3 Transforme sur le modèle.
Elle dort. → Dort-elle ?

- Tu entends. → ....
- Nous partons. → ....
- Elles travaillent. → ....
- Il comprend. → ....
- Vous buvez. → ....
- Ils jouent. → ....

4 Même consigne avec le modèle suivant.
Les oiseaux (ils) s'envolent. → Les oiseaux s'envolent-ils ?

- Le lion (il) rugit dans la cage. → ....
- Marie (elle) emportera ses disques. → ....
- Pierre et Nicolas (ils) font un exposé. → ....
- Le cycliste (il) grimpe la côte. → ....

Corrigés p. 6

Plus d'exercices et de conseils sur www.hatier-entrainement.com

9 Le futur des autres verbes

JE SAIS DÉJÀ
Conjuguer des verbes du premier et du deuxième groupes au futur.

JE COMPRENDS
Certains verbes **se transforment** au **futur**, mais ils gardent toujours les **mêmes terminaisons** derrière le **r** marque du futur : **-ai**, **-as**, **-a**, **-ons**, **-ez**, **-ont**.

CONSEILS PARENTS
Il faut bien apprendre à votre enfant à repérer le radical de certains verbes du troisième groupe au futur : viend-rai, fe-rai, ver-rai, voud-rai.

★ **1** Conjugue le verbe avoir au futur et souligne les terminaisons.

J'au*rai*, tu au*ras*, il *ou* elle ...., nous ....,
vous ...., ils *ou* elles ....

★ **2** Même consigne avec le verbe être.

Je se*rai*, tu se*ras*, ...
....

★ **3** Même consigne avec le verbe dire.

Je di*rai*, ...
....

★ **4** Même consigne avec le verbe prendre.

Je prend*rai*, ...
....

★★ **5** Complète les terminaisons des verbes au futur.

• Nous pour........ faire le travail. • Je construi........ un château. • Ils dev........ partir de bonne heure. • Tu voud........ un gâteau ? • Vous mett........ votre imperméable. • Elle boi........ une limonade.

★★★ **6** Complète ce tableau en conjuguant les verbes au futur.

	aller	venir	faire	voir
je, j'	irai	viendrai		
tu			feras	
il *ou* elle				verra
nous				
vous				
ils *ou* elles				

Apprends par cœur la conjugaison de ces verbes au futur.

BRAVO ! Tu as fini le chapitre 9.
Rendez-vous sur le site www.hatier-entrainement.com
pour encore plus d'exercices et de conseils !

VOCABULAIRE 10 — Les familles de mots

CONSEILS PARENTS
Les préfixes jouent sur le sens, les suffixes sur la classe grammaticale.

> **JE SAIS DÉJÀ**
> Repérer des familles de mots.
>
> **JE COMPRENDS**
> ● Une famille de mots regroupe tous les mots qui ont la même **racine** : c'est la **partie commune**.
>
> port/er, trans/port/er, re/port/er, port/eur
> → port est la racine
>
> ● Quand on ajoute des préfixes ou des suffixes à un mot, l'ensemble des mots forme une **famille**.

1 Recopie les séries de mots de la même famille en isolant par une barre les préfixes et les suffixes et en soulignant la racine.

● laver, lavable, lavage, laverie, lavoir : ....
....

● sécher, dessécher, séchoir, séchage, sécheresse : ....
....

● afficher, affiche, affichage, affichette, afficheur : ....
....

● grouper, regrouper, groupe, regroupement, groupuscule : ....
....

2 Complète ce tableau par des mots de la même famille.

verbes en -er	adjectifs en -ant ou -able	noms en -ement ou -ation
encourager	....	....
....	admirable	....
....	....	raisonnement
épuiser	....	....
....	imaginable	....

3 En t'aidant du dictionnaire, trouve 5 mots de la même famille que le mot indiqué et souligne la racine.

● dent : ....
● charger : ....
● libre : ....
● présenter : ....

N'oublie pas les préfixes **re-** ou **dé-**.

Corrigés p. 6

Plus d'exercices et de conseils sur www.hatier-entrainement.com

ORTHOGRAPHE 10 — Le pluriel des adjectifs

JE SAIS DÉJÀ
Repérer le pluriel des noms.

JE COMPRENDS

▸ L'adjectif, comme le nom qu'il accompagne, prend la **marque du pluriel**. Généralement, on forme le pluriel des adjectifs en ajoutant un **s**.
   un petit poisson rouge, des petit**s** poisson**s** rouge**s**.

▸ Les adjectifs qui se terminent par **-eau** au singulier prennent un **x** au pluriel. un élève nouveau, des élève**s** nouveau**x**.

▸ Les adjectifs qui se terminent par **-al** au singulier s'écrivent **-aux** au pluriel. un ouvrier matinal, des ouvrier**s** matin**aux**.

▸ Les adjectifs qui se terminent par **-x** ou **-s** au singulier ne changent pas.
   un enfant heureu**x**, des enfant**s** heureu**x**.

CONSEILS PARENTS
Les règles de formation du pluriel sont les mêmes pour les noms et les adjectifs.

1 ⭐ Écris les adjectifs au pluriel.

• une fleur jaune, des fleurs .... • un animal intelligent, des animaux .... • un tablier usé, des tabliers .... • un crayon pointu, des crayons .... • une superbe poupée, des .... poupées • un verre transparent, des verres .... • un chien craintif, des chiens .... • un tissu fragile, des tissus ....

2 ⭐⭐ Même consigne.

• un chèque postal, des chèques .... • un beau village, des .... villages • un geste amical, des gestes .... • un château féodal, des châteaux .... • un trait vertical, des traits .... • un jour nouveau, des jours .... • un poème original, des poèmes .... • un savant génial, des savants ....

3 ⭐⭐⭐ Écris les groupes nominaux au pluriel.

• un jeu normal, des ....
• un exercice oral, des ....
• un chien boiteux, des ....
• un chat peureux, des ....
• un match national, des ....
• un cheveu bouclé, des ....
• un évènement mondial, des ....

Applique aux adjectifs les règles que tu connais pour les noms.

Corrigés p. 6

Plus d'exercices et de conseils sur www.hatier-entrainement.com

10 La phrase exclamative

JE SAIS DÉJÀ
Repérer une phrase exclamative.

JE COMPRENDS
La phrase exclamative exprime la surprise, l'admiration, la joie, la tristesse, la colère... Elle se termine par un **point d'exclamation (!)**.
Quel bon repas ! Que cette promenade est ennuyeuse !

CONSEILS PARENTS
La voix monte dans une phrase exclamative positive et descend dans une négative.

1 **Souligne les phrases exclamatives.**
- Paul chante bien. • Est-ce un grain de blé ? • Quel bon orchestre !
- Que tu m'énerves ! • Pourquoi a-t-elle souri ? • Nous sommes arrivés dès que possible.

2 **Transforme les phrases affirmatives en suivant le modèle.**
Cet arbre de Noël est magnifique. → Oh, le magnifique arbre de Noël !
- Ce roman est passionnant. → ....
- Ce conducteur est imprudent. → ....
- Cette robe est superbe. → ....

3 **Transforme les phrases affirmatives en phrases exclamatives en commençant par Que ou Qu'.**
- La journée m'a semblé longue. → ....
- Ce remède est énergique. → ....
- Il est désagréable aujourd'hui. → ....
- J'aime le printemps. → ....

Souviens-toi que l'on emploie **qu'** devant un mot commençant par une **voyelle** : *Qu'elle est belle !*

4 **Même consigne en commençant par Comme.**
- Le vieux cheval est fatigué. → ....
- Il joue bien du violon. → ....
- Ce train est rapide. → ....
- Cette fillette a froid. → ....

5 **Même consigne en commençant par Quel.**
- C'est un fauteuil confortable. → ....
- Cet insecte est minuscule. → ....
- Ce matin est triste. → ....
- Cet ouvrier est habile. → ....

Corrigés p. 6

Plus d'exercices et de conseils sur www.hatier-entrainement.com

CONJUGAISON 10 — Le passé proche • Le futur proche

JE SAIS DÉJÀ
Conjuguer un verbe au futur et au passé composé.

JE COMPRENDS
- Le passé proche (ou immédiat) s'obtient en utilisant le verbe **venir de** au présent suivi d'un **verbe à l'infinitif**. Elle **vient de** faire son travail.
- Le futur proche (ou immédiat) s'obtient en utilisant le verbe **aller** au présent suivi d'un **verbe à l'infinitif**. Je **vais** faire du sport.

CONSEILS PARENTS
Certaines grammaires appellent les verbes venir et aller des semi-auxiliaires.

1 **Recopie les phrases dans les colonnes correspondantes.**

Martial vient de déjeuner. Elle va bientôt guérir. Nous allons l'emmener. Vous venez de gonfler le ballon. La maison vient d'être construite. Les feuilles vont repousser.

passé proche	futur proche

2 **Mets les phrases au passé proche (immédiat).**
- Les oiseaux font leurs nids. ....
- Le mécanicien répare une voiture. ....
- Les moutons broutent l'herbe. ....

3 **Mets les phrases au futur proche (immédiat).**
- Je vois un spectacle de cirque. ....
- Elle a un nouvel ordinateur. ....
- Cet acteur joue le rôle principal. ....

*Attention à ne pas confondre le **-é** du participe passé et le **-er** de l'infinitif.*

4 **Complète le tableau.**

passé composé	passé proche	futur	futur proche
		je choisirai	
			elle va trouver
vous avez mangé			
	nous venons de partir		

Corrigés p. 6

BRAVO ! Tu as fini le chapitre 10.
Rendez-vous sur le site www.hatier-entrainement.com
pour encore plus d'exercices et de conseils !

VOCABULAIRE 11 — Le mot précis

JE SAIS DÉJÀ
Reconnaitre des synonymes.

JE COMPRENDS
Certains mots sont souvent employés, mais ils n'apportent pas beaucoup de précisions. On peut les remplacer par d'autres mots qui sont plus riches, plus expressifs.

un homme connu : un homme célèbre

CONSEILS PARENTS
Habituez votre enfant à utiliser des verbes précis dans ses productions d'écrit.

1. Remplace *est* par un des verbes suivants :
s'amuse, dort, vole, aboie, pousse, lit.

- L'avion *est* dans le ciel. ....
- Quentin *est* dans la bibliothèque. ....
- Mon chien *est* dans sa niche. ....
- Une fleur rose *est* sur le balcon. ....
- Son frère *est* dans la cour. ....
- Ma poupée *est* dans son berceau. ....

2. Remplace *a* par un des verbes suivants :
utilise, élève, cultive, porte, possède, pousse.

- Patrick *a* des lapins à la campagne. ....
- Mon père *a* une voiture pour son travail. ....
- Le jardinier *a* des légumes dans son jardin. ....
- Cet oiseau *a* un cri étrange. ....
- Mireille *a* une jolie robe. ....
- Mon voisin *a* une belle maison. ....

N'oublie pas, un animal pousse un **cri**.

3. Remplace le verbe *voir* par un des verbes suivants :
assister à, examiner, rencontrer, visiter, consulter.

- *Voir* de près, en regardant les détails, c'est ....
- *Voir* un spectacle, c'est .... ce spectacle.
- *Voir* un médecin, c'est .... un médecin.
- *Voir* ses amis, c'est .... ses amis.
- *Voir* un pays, c'est .... un pays.

Rappelle-toi, un médecin assure une **consultation**.

Corrigés p. 6

Plus d'exercices et de conseils sur
www.hatier-entrainement.com

ORTHOGRAPHE 11 — Le féminin des noms

JE SAIS DÉJÀ
Repérer le féminin des noms.

JE COMPRENDS
- Au féminin, en général, les noms prennent un **e**. un ami → une ami**e**.
- Certains noms doublent la consonne finale. un chien → une chie**nne**.
- Certains se transforment. un épici**er** → une épici**ère**   un dans**eur** → une dans**euse**   un act**eur** → une act**rice**
- D'autres changent complètement. mon frère → ma sœur.

CONSEILS PARENTS
Il est difficile pour votre enfant de repérer le e muet qui marque le féminin d'un nom comme dans le mot amie.

 **Écris les noms au féminin.**
- un habitant, une ....
- mon cousin, ma ....
- le marié, la ....
- un lion, une ....
- un voisin, une ....
- un écolier, une ....
- un étudiant, une ....
- un musicien, une ....

2 Même consigne.
- un boulanger, une ....
- un menteur, une ....
- un champion, une ....
- un paysan, une ....
- un charcutier, une ....
- un chanteur, une ....
- un pharmacien, une ....
- un directeur, une ....

3 Même consigne.
- un cheval, une ....
- le fils, la ....
- mon père, ma ....
- un homme, une ....
- mon oncle, ma ....
- un monsieur, une ....

N'oublie pas de redoubler la consonne des mots féminins formés sur des mots masculins en **-on** et en **-ien**.

JE COMPRENDS
- Les noms féminins qui se terminent par le son **« é »** prennent un **e**, sauf : une cl**é**.
- Les noms féminin en **-té** ou en **-tié** ne prennent pas de **e**, sauf : la dict**ée**, la port**ée**, la mont**ée**, la jet**ée**, la pât**ée**.

 **Complète si nécessaire.**

une allé......, une soiré......, une clé......, une idé......, une arrivé......, une matiné......,
la maré......, une journé......, une pensé......, une araigné......, la liberté......, la dicté......,
la fierté......, une monté......, la bonté......, la cruauté......, la jeté......, la pauvreté...... .

Corrigés p. 7

Plus d'exercices et de conseils sur www.hatier-entrainement.com

GRAMMAIRE 11 — Le groupe complément

CONSEILS PARENTS
Attendez le CM1 pour parler COD, COI et COS.

JE SAIS DÉJÀ
Repérer le groupe sujet du verbe.

JE COMPRENDS
Les groupes que l'on peut placer entre **c'est … que** ou **c'est … qu'** s'appellent des **groupes compléments**.

Je regarde **le spectacle**. C'est **le spectacle** que je regarde.

1 Recopie ces phrases en encadrant le groupe complément par **c'est … que**.
- Je cherche un coquillage. ....
- L'oiseau construit son nid. ....
- Les enfants se cachent sous l'escalier. ....
....
- Hier, nous avons planté des fleurs. ....

2 Recopie les phrases en supprimant **c'est … que** et souligne les groupes compléments.
- C'est Paris que j'ai visité l'année dernière. ....
....
- C'est une cuillère que tu prends. ....
- C'est un médicament que le pharmacien m'a vendu. ....
....

JE COMPRENDS
▸ Dans la phrase, certains groupes peuvent **se déplacer**.
Demain, je partirai. Je partirai **demain**.
▸ D'autres groupes ne peuvent **pas se déplacer** : ce sont les **compléments de verbes**. Il mange **son gouter**.

Tu peux remplacer le complément du verbe par un pronom complément : **le**, **la** et **les**.

Corrigés p. 7

3 Souligne les compléments déplaçables.
- Dans le jardin, les légumes commencent à pousser. • Il a gardé la chambre pendant deux jours. • Cécile joue dans le salon. • Un avion passe dans le ciel.
- J'ai aperçu un lapin au bord de la route.

4 Souligne les compléments non déplaçables.
- Il faut changer l'ampoule de la salle de bains. • Maman raconte une belle histoire.
- Il repeint sa voiture. • Élodie finit son exercice de grammaire.
- Les touristes prennent de nombreuses photos.

Plus d'exercices et de conseils sur www.hatier-entrainement.com

CONJUGAISON 11 — L'imparfait des verbes en -er et en -ir

JE SAIS DÉJÀ
Repérer les verbes du premier groupe et du deuxième groupe.

JE COMPRENDS
- À l'imparfait, tous les verbes ont pour terminaisons :
-ais, -ais, -ait, -ions, -iez, -aient.
- Les verbes en **-er** (comme **chanter**) se conjuguent ainsi :

> je chant**ais**, tu chant**ais**, il ou elle chant**ait**,
> nous chant**ions**, vous chant**iez**, ils ou elles chant**aient**.

- Les verbes en **-ir** (comme **finir**) se conjuguent ainsi :

> je fin**issais**, tu fin**issais**, il ou elle fin**issait**,
> nous fin**issions**, vous fin**issiez**, ils ou elles fin**issaient**.

CONSEILS PARENTS
Le radical retenu pour former l'imparfait est celui de la première personne du pluriel au présent : nous finiss-ons (présent) / je finiss-ais (imparfait).

1 Complète en ajoutant le pronom personnel.

- .... coupions
- .... mangeais
- .... *ou* .... parlaient
- .... réfléchissions
- .... *ou* .... grandissait

2 Complète les terminaisons des verbes à l'imparfait.

- Tu trouv ....
- Nous guériss ....
- Ils agiss ....
- Je ramass ....
- Elle range ....
- Vous obéiss ....

3 Écris les verbes entre parenthèses à l'imparfait.

- Les trois hommes (**écouter**) .... la conversation.
- Mon chien et moi (**marcher**) .... dans la forêt.
- La neige (**tomber**) .... sans arrêt.
- Les spectateurs (**applaudir**) .... avec plaisir.
- Chantal et toi (**assister**) .... à la réunion.
- Tu (**chercher**) .... partout ton stylo.

Souviens-toi, moi + il = **nous** ; toi + elle = **vous**.

4 Complète le tableau en conjuguant les verbes à l'imparfait.

	rouler	choisir	réunir
je			
tu			
il *ou* elle			
nous			
vous			
ils *ou* elles			

BRAVO ! Tu as fini le chapitre 11.
Rendez-vous sur le site www.hatier-entrainement.com pour encore plus d'exercices et de conseils !

Corrigés p. 7

VOCABULAIRE 12 — Les comparaisons

JE SAIS DÉJÀ
Utiliser des synonymes pour enrichir mes écrits.

JE COMPRENDS
Pour rendre un récit **plus original** ou **plus amusant**, on utilise parfois des **comparaisons**.

Il était maigre **comme un clou**.

CONSEILS PARENTS
Jouez au jeu du portrait avec votre enfant en utilisant des comparaisons.

1 Complète les comparaisons des couleurs avec un des groupes nominaux suivants : une tomate, la neige, du charbon, un ciel sans nuages, un martien, un citron.

- blanc comme ....
- rouge comme ....
- noir comme ....
- jaune comme ....
- bleu comme ....
- vert comme ....

2 Complète les comparaisons exprimées par les adjectifs avec un des noms d'animaux suivants : un singe, un hérisson, un âne, un cochon, un escargot, un pinson.

- bête comme ....
- malin comme ....
- gai comme ....
- sale comme ....
- lent comme ....
- piquant comme ....

3 Complète les comparaisons exprimées par les verbes avec un des noms d'animaux suivants : un poisson, un merle, un cabri, un perroquet, une marmotte, un chat.

- répéter comme ....
- dormir comme ....
- bondir comme ....
- nager comme ....
- siffler comme ....
- sauter comme ....

4 Complète les comparaisons par des groupes nominaux de ton choix.

- léger comme ....
- sage comme ....
- doux comme ....
- gros comme ....
- aimable comme ....
- raide comme ....

5 Complète en trouvant un verbe qui justifie la comparaison.

- .... comme une étoile.
- .... comme un oiseau.
- .... comme un serpent.
- .... comme un lion.
- .... comme un ogre.

N'oublie pas, la marmotte hiberne tout l'hiver et se réveille au printemps.

Corrigés p. 7

Plus d'exercices et de conseils sur www.hatier-entrainement.com

ORTHOGRAPHE 12 — Le féminin des adjectifs qualificatifs

JE SAIS DÉJÀ
Conjuguer les verbes au passé composé.

JE COMPRENDS
- Pour mettre un adjectif qualificatif au féminin, on ajoute généralement un **e**. méchant → méchant**e**
- Certains adjectifs doublent la consonne finale. cruel → crue**lle**
- Ceux qui se terminent par **-eux** ou par **-eur** se transforment en **-euse**.
chanceux → chanc**euse** ; joueur → jou**euse**

CONSEILS PARENTS
Les adjectifs qui se transforment au féminin sont : vieux/vieille, nouveau/nouvelle, mou/molle.

1 Écris au féminin.
- un fruit mûr, une fraise ....
- un tigre affamé, une tigresse ....
- un oiseau bavard, une pie ....
- un petit pois, une .... salade
- un manteau noir, une veste ....
- un salon clair, une classe ....
- un garçon matinal, une fille ....
- un parquet ciré, une armoire ....
- un bon repas, une .... tarte
- un camarade gentil, une amie ....
- un air naturel, une allure ....
- un homme courageux, une femme ....
- un animal heureux, une bête ....
- un serment éternel, une promesse ....
- un curieux récit, une .... histoire.

JE COMPRENDS
- Les adjectifs qui se terminent par **-er** se transforment en **-ère**.
fier → fi**ère**
- Enfin, certains ne changent pas, d'autres se transforment complètement.
un ami fidèle → une amie fidèle ; un beau récit → une belle histoire

2 Écris au féminin.
- un accent étranger, une langue ....
- un fruit amer, une boisson ....
- un plat entier, une part ....
- un résultat régulier, une émission ....
- un garçon droitier, une fille ....
- un voyageur aventurier, une voyageuse ....
- un travail journalier, une tâche ....
- un feu rouge, une pomme ....
- un homme honnête, une femme ....
- un sentiment noble, une démarche ....
- un pied sensible, une personne ....

N'oublie pas l'accent grave dans la terminaison **-ère** au féminin.

Corrigés p. 7

Plus d'exercices et de conseils sur www.hatier-entrainement.com

53

GRAMMAIRE 12
Les pronoms personnels compléments du verbe

JE SAIS DÉJÀ

Employer les pronoms personnels de conjugaison.

JE COMPRENDS

Le groupe du verbe non supprimable et non remplaçable peut être remplacé par les pronoms personnels : le, la, les, l', à lui, à elle, à eux, leur, en, y.

> Je cherche une solution. / Je **la** cherche.
> Emma regarde les coureurs. / Emma **les** regarde.
> Je pense à ma grand-mère. / Je pense à **elle**.
> Je vais à la bibliothèque. / J'**y** vais.

CONSEILS PARENTS

Remplacer le complément du verbe par un pronom complément le, la, les, à lui, *etc. est une procédure qui permet à votre enfant de trouver les compléments du verbe.*

1 Recopie les phrases en utilisant des pronoms compléments pour éviter les répétitions.
Je cueille une cerise et je mange une cerise. → Je cueille une cerise et je la mange.

- Il choisit des chaussures et il met ses chaussures. ....
- Maman prépare un gâteau et met le gâteau dans le four. ....
- Il cherche un DVD et regarde le DVD. ....
- Le lion poursuit sa proie et mange sa proie. ....

2 Réécris les phrases suivantes en remplaçant les mots en gras par des pronoms compléments.

- Nous écrivons **une lettre** à **nos parents**. ....
- Maman chante **une berceuse** à **mon petit frère**. ....
- Les parents font confiance à **leurs enfants**. ....
- Je demanderai à **mon frère** de m'aider. ....
- Tu ne prends jamais **de carottes** à la cantine. ....

Souviens-toi que les pronoms personnels **le, la, les, leur** sont toujours placés devant le verbe conjugué.

3 Complète par le pronom complément qui convient.

Je sors mes billes et je .... compte. Papa a acheté une voiture et il .... conduit. Il retire le bouchon de la bouteille et .... pose sur la table. Théo cherche son chien et .... appelle. Marina prend son seau et .... remplit d'eau. Elle nous parle beaucoup de son pays natal car elle .... pense souvent.

4 Complète par un groupe complément qui peut convenir avec le pronom utilisé.

Prête-moi ...., je te la rendrai tout de suite.

Elsa nous a envoyé ...., nous l'avons lue avec plaisir.

Si tu offres des fleurs à ...., cela lui fera plaisir.

Je lave .... et je les coiffe.

J'achète .... et je le colle sur l'enveloppe.

Corrigés p. 7

Plus d'exercices et de conseils sur www.hatier-entrainement.com

CONJUGAISON 12 — L'imparfait des verbes avoir et être

JE SAIS DÉJÀ
Conjuguer les verbes du premier et deuxième groupes à l'imparfait.

CONSEILS PARENTS
Faites apprendre par cœur la conjugaison de ces verbes à votre enfant.

JE COMPRENDS
À l'imparfait, le verbe **avoir** s'écrit :

j'**avais**, tu **avais**, il ou elle **avait**,
nous **avions**, vous **aviez**, ils ou elles **avaient**.

1. Complète les phrases en ajoutant le pronom personnel qui manque.

● ……… ou ……… avaient régulièrement de ses nouvelles. ● ……'avais mon chien avec moi. ● ……… avions une classe ensoleillée. ● …… ou …… avait un cartable fluorescent. ● …… aviez le temps d'y réfléchir. ● …… avais ton chapeau de soleil.

2. Complète les phrases avec le verbe avoir à l'imparfait.

● Vous ………… un nouveau chauffeur. ● J'………… du mal à monter la côte à bicyclette. ● Nous ………… quelques jours de repos. ● Elle ……… sa robe neuve. ● Tu ………… de beaux cheveux bouclés. ● Les arbres ………… l'air d'avoir froid.

JE COMPRENDS
À l'imparfait, le verbe **être** s'écrit :

j'**étais**, tu **étais**, il ou elle **était**,
nous **étions**, vous **étiez**, ils ou elles **étaient**.

3. Complète les phrases en ajoutant le pronom personnel qui manque.

● ……… étiez déjà en route. ● ……… 'étais le plus petit du groupe. ● ……… ou ……… étaient en retard. ● ……… étais près du but. ● ……… étions sur le point de partir. ● ……… ou ……… était en train de nager.

N'oublie pas, devant un verbe qui commence par une voyelle, **je** devient **j'** : *j'aime*.

4. Complète les phrases avec le verbe être à l'imparfait.

● Nous ………… deux vrais amis. ● Tu ………… dans la cuisine. ● Ils ………… trop nombreux. ● Elle ………… contrariée de devoir rentrer. ● ………-vous à la fête ? ● J'………… trop faible pour appeler.

5. Écris à l'imparfait les phrases suivantes.

● Nous sommes douze à table. …………………………………………………………………….
● Je suis le capitaine de l'équipe. …………………………………………………………………….
● Les fleurs sont ouvertes. …………………………………………………………………….

Corrigés p. 7

BRAVO ! Tu as fini le chapitre 12.
Rendez-vous sur le site www.hatier-entrainement.com
pour encore plus d'exercices et de conseils !

VOCABULAIRE 13 — Le langage poétique

JE SAIS DÉJÀ
Utiliser des comparaisons.

JE COMPRENDS
Quand on écrit une poésie, on parle des choses, des animaux et des gens d'une façon **plus originale**, **plus drôle** ou **plus imaginative**. On associe les mots de manière différente : ils deviennent de véritables notes de musique qui composent une chanson.

Les gouttes de pluie, ce sont les larmes du ciel.

CONSEILS PARENTS
La poésie n'est pas toujours en vers.

1 Termine chaque phrase avec une définition poétique du mot.
- La nuit, c'est ....
- Un rêve, c'est ....
- Le désert, c'est ....
- Le miroir, c'est ....

2 Imagine ce que les choses ou les animaux pourraient dire s'ils agissaient comme des personnes. **Le feu a dit : « Je dévore de mille langues brulantes. »**
- Le mille-pattes a dit : « .... »
- Le vent a dit : « .... »
- La chaussure a dit : « .... »
- La Terre a dit : « .... »

3 Même consigne en imaginant ce qu'ils pourraient faire.
Mars, qui rit malgré les averses, prépare en secret le printemps.
- Juillet ....
- L'hiver ....
- La mer ....
- La montagne ....

Les deux vers donnés en exemple sont de Théophile Gautier.

4 Cherche des mots avec les mêmes sonorités que les noms d'animaux.
Le ch<u>at</u> aime le ciném<u>a</u>.
- La souris ....
- Le kangourou ....
- L'escargot ....
- L'éléphant ....
- Le perroquet ....

Qu'est-ce qui rime avec ton prénom ?

Corrigés p. 7

Plus d'exercices et de conseils sur www.hatier-entrainement.com

ORTHOGRAPHE 13 — Le participe passé employé avec le verbe être

JE SAIS DÉJÀ
Conjuguer les verbes au passé composé.

JE COMPRENDS
Le **participe passé** employé avec le verbe **être s'accorde en genre et en nombre** – comme un adjectif qualificatif – **avec le sujet du verbe**.

Ces plant**es** sont vert**es** (adj.).
Ces plant**es** sont séch**ées** (verbe sécher).

CONSEILS PARENTS
Demandez à votre enfant de prendre le temps de formuler toutes les étapes de son raisonnement pour réussir son accord.

1 Complète par il ou elle, ils ou elles.

- …… est entêté. ● …… sont fleuries. ● …… est flétrie. ● …… sont cassés.
- …… sont égarés. ● …… est appliquée. ● …… sont boisées. ● …… est rayé.

2 Accorde les participes passés si nécessaire.

- La fillette est sorti…… ● Les enfants sont venu…… ● Pierre est pressé……
- Les clous sont pointu…… ● La terre est gelé…… ● Les feuilles sont tombé……
- Le mur est fendu…… ● Les places sont réservé…… ● Le lait est bouilli……
- La glace est fondu…… ● Les cheveux sont frisé…… ● Les montres sont garanti……

En cas de doute, mets la phrase au singulier pour trouver le genre du sujet.

3 Même consigne.

- Le facteur est passé…… ● Les classes sont décoré…… ● Les vitres sont cassé……
- Nathalie est revenu…… ● Ces vases sont tombé…… ● Les élèves sont guéri……
- Les chaussures sont ciré…… ● La crêpe est flambé…… ● Le ballon est gonflé……
- Les garçons sont habitué…… ● La poubelle est vidé…… ● Les champs sont inondé……

4 Écris les participes passés des verbes entre parenthèses.

- Les enfants sont (**partir**) ………………………… en vacances.
- Mes amis sont (**arriver**) ………………………… hier soir.
- Les vêtements sont (**brosser**) ………………………… .
- Les raisins sont (**cueillir**) ………………………… en automne.
- Les pommes sont (**ramasser**) ………………………… par les promeneurs.
- Les fleurs sont (**arroser**) ………………………… par le jardinier.
- Les travaux sont (**finir**) ………………………… .
- Les prix sont (**calculer**) ………………………… .
- Les vases sont (**remplir**) ………………………… .
- Les mains sont (**salir**) ………………………… par la peinture.

Corrigés p. 7-8

Plus d'exercices et de conseils sur www.hatier-entrainement.com

GRAMMAIRE 13 — Le groupe complément déplaçable

JE SAIS DÉJÀ
Repérer le complément du verbe.

JE COMPRENDS
Le groupe complément déplaçable **peut préciser le lieu**.

Nous jouons (où ?) **dans la forêt**. **Dans la forêt**, nous jouons.

CONSEILS PARENTS
Attendez le CM1 pour parler de compléments circonstanciels.

Devant le complément de lieu, tu trouves souvent un petit mot : **dans**, **sur**, **à**, **derrière** ou **devant**.

1 Souligne les compléments qui précisent le lieu.
- La panthère a bondi dans sa cage. • Elle a rencontré sa cousine au marché.
- Une taupe a creusé un trou dans le sol. • J'ai rangé mon jeu dans le placard.
- Une violente tempête s'est abattue sur l'ouest de la France. • Elle a perdu son collier dans la cour. • Maman a posé ton classeur sur l'étagère. • Au bord de la mer, on peut apercevoir des mouettes. • Il s'est caché derrière l'arbre.
- Elle déjeune dans la cuisine.

2 Complète les phrases avec des compléments précisant le lieu.
- Un cerf se promène ....
- L'oiseau a fait son nid ....
- Elle a noué un foulard ....
- .... poussent des champignons.

JE COMPRENDS
Le groupe complément déplaçable peut **préciser le temps** (moment ou durée).

Hier, il a plu très fort. (Il a plu quand ?)
Nous avons joué **pendant deux heures**. (Pendant combien de temps ?)

3 Souligne les compléments qui précisent le temps (moment ou durée).
- Le médecin est venu hier. • Dimanche, il a fait un temps splendide. • Le train part à 10 heures. • Ils ont roulé pendant une heure. • Fais cuire ton gâteau pendant quarante minutes. • Le toit a été refait l'année dernière. • L'année prochaine, je serai en CM1. • Tu peux te baigner pendant dix minutes. • Tout à l'heure, tu iras à la cave.

4 Complète les phrases avec des compléments précisant le temps.
- Nous prendrons notre déjeuner ....
- ...., j'irai chez ma grand-mère.
- Le spectacle va commencer ....
- ...., nous ferons du ski.

Corrigés p. 8

Plus d'exercices et de conseils sur www.hatier-entrainement.com

CONJUGAISON 13 — L'imparfait des autres verbes

JE SAIS DÉJÀ
Conjuguer les verbes du premier et deuxième groupes à l'imparfait.

JE COMPRENDS
À l'imparfait, certains verbes changent de radical, mais ils gardent toujours les mêmes terminaisons : **-ais**, **-ais**, **-ait**, **-ions**, **-iez**, **-aient**.

voir : je **voyais** ; prendre : **je prenais**

CONSEILS PARENTS
Continuez à retrouver le radical des verbes conjugués à l'imparfait à partir du présent : nous pren-ons (présent) / je pren-ais (imparfait).

★ 1 Complète les terminaisons des verbes à l'imparfait.

- L'ingénieur voul……… construire un pont.
- Les fusées permett……… d'aller dans l'espace.
- Je ne dis……… pas toujours ce que je recev……… .
- À cette époque, on viv……… difficilement.
- Tu conduis……… souvent la voiture.
- Nous achet……… ce qu'il fallait pour dîner.
- Vous dev……… faire un voyage.

★★ 2 Mets les verbes entre parenthèses à l'imparfait.

- Les alpinistes (**partir**) ……………… sur les plus hauts sommets.
- Autrefois, les hommes (**vivre**) ……………… dans des cavernes.
- Ils (**obtenir**) ……………… du feu en frottant des morceaux de silex.
- Tu nous (**servir**) ……………… une boisson fraîche.
- Je (**construire**) ……………… des bateaux avec quelques planches.

★★ 3 Complète ce tableau en conjuguant les verbes à l'imparfait.

	aller	venir	faire	voir
je, j'	allais			
tu		venais		
il *ou* elle			faisait	
nous				voyions
vous				
ils *ou* elles				

N'oublie pas le **i** de la terminaison de l'imparfait même après un radical en **-y** ou en **-i**.

★★★ 4 Écris les phrases suivantes à l'imparfait.

- Tu suis son exemple. ………………………………………
- Elle prend son temps. ………………………………………
- Ils ouvrent la porte. ………………………………………
- Les enfants boivent du lait. ………………………………

Corrigés p. 8

BRAVO ! Tu as fini le chapitre 13.
Rendez-vous sur le site www.hatier-entrainement.com pour encore plus d'exercices et de conseils !

VOCABULAIRE 14 — Les jeux avec les mots

JE SAIS DÉJÀ
Reconnaitre le langage poétique.

JE COMPRENDS
Les définitions de mots amusantes, originales, énigmatiques (en forme de devinettes) peuvent permettre toutes sortes de jeux.

CONSEILS PARENTS
Jouez avec votre enfant à faire des anagrammes avec les prénoms de la famille.

1 **Le jeu des AS.** Trouve 6 mots, horizontalement, qui contiennent la syllabe **AS** et qui correspondent aux définitions suivantes.

- Légume de forme allongée.   AS.........................
- Sorte de balance.   ....AS.....................
- Synonyme de remuer.   ....AS.................
- Ensemble, elles forment un texte.   ....AS.............
- Lieu où l'on fait du sport.   ....AS........
- On dort dessus.   ....AS

Elles forment un texte et commencent par une majuscule.

2 **Les anagrammes.** Trouve les autres mots en lisant leur définition entre parenthèses.
Avec GUIDE, on peut former DIGUE.

- Avec MARE, on peut former .... (gout désagréable).
- Avec POULE, on peut former .... (sert à voir de très près).
- Avec CAMPER, on peut former .... (douleur musculaire).
- Avec NICHE, on peut former .... (animal domestique).
- Avec POIL, on peut former .... (bien élevé).

3 **Les charades.** Trouve des définitions pour faire deviner les mots indiqués.
Mon premier n'est pas haut (bas), mon second n'est pas court (long), mon tout est rond (bas-long) → ballon.

- drapeau : ....
....
- carotte : ....
....
- pinson : ....
....

Corrigés p. 8

Plus d'exercices et de conseils sur
www.hatier-entrainement.com

60

ORTHOGRAPHE 14 — leur - leurs • ou - où

JE SAIS DÉJÀ
Distinguer les homophones.

JE COMPRENDS

▸ Lorsque **leur** fait partie du **groupe nominal**, il **s'accorde avec le nom**.

leur maison, leur**s** enfant**s**.

▸ Lorsque **leur** est placé devant un **verbe** et que l'on peut le remplacer par **lui**, il **ne s'accorde jamais**.

Je **leur** parle. (Au singulier : je **lui** parle.)

1 Complète les groupes nominaux avec leur ou leurs.

- ……… voyage
- ……… animaux
- ……… restaurant
- ……… pelouses
- ……… avion
- ……… vacances
- ……… bagages
- ……… bureau
- ……… dents
- ……… légumes
- ……… imprudence
- ……… chance

2 Complète les phrases avec leur ou leurs.

- ……… soirée s'est bien passée. • Je ……… dirai franchement ce que je pense.
- Elle ……… garde ……… plantes pour les arroser. • Je ……… emporte ……… gouters. • Le gardien ……… ouvre ……… cages. • Les poules pondent ……… œufs.
- Les pêcheurs vendent ……… poissons. • Ils ……… achètent ……… livres.

JE COMPRENDS

▸ **Ou** (sans accent) indique le **choix** entre deux choses.

Veux-tu cette bille **ou** celle-là ?

▸ **Où** (avec accent) indique l'**endroit**, le **lieu**.

Elle ne sait pas **où** (à quel endroit) elle a posé ses lunettes.

Si au singulier, **leur** = **lui**, alors ne mets jamais de **s**. Si **leur** = **son**, **sa** ou **ses**, regarde si le nom a un **s** ou pas, pour faire l'accord au singulier ou au pluriel.

CONSEILS PARENTS
Ou signifie ou bien.

3 Complète avec ou ou bien avec où.

- Ton anniversaire est-il le 12 …… le 13 juin ?
- J'ignore …… elle a rangé son jeu.
- Veux-tu du gâteau …… un fruit ? • …… pars-tu en promenade ?
- Nous ne savons pas …… va ce bateau.

4 Même consigne.

- Je ne sais pas …… il est : à la piscine …… au judo. • …… est ton stylo ?
- Savez-vous …… mène ce chemin ? • Est-ce Jérôme qui a fait ce dessin …… Nathalie ?

Corrigés p. 8

Plus d'exercices et de conseils sur www.hatier-entrainement.com

GRAMMAIRE 14 — Le complément du nom

JE SAIS DÉJÀ
Compléter un groupe nominal par un adjectif qualificatif.

JE COMPRENDS
Pour donner des précisions sur un nom, on peut utiliser des compléments du nom qui précisent l'appartenance, l'utilité ou le matériau. Ils sont introduits par des prépositions : **à**, **de**, **en**...
Le verre **de Léa**, le verre **à eau**, le verre **en plastique**.

CONSEILS PARENTS
Incitez votre enfant à enrichir ses écrits en donnant des précisions sur les noms dont il parle, pour que le lecteur en ait une représentation plus précise.

1 Souligne les compléments du nom dans les groupes nominaux suivants.
- Un banc de pierre. • Une tasse de café. • Une glace à la vanille. • Une carte d'Angleterre. • Un collier de perles. • Une soupe de légumes. • Un château de cartes. • Un jeu de cartes.

2 Relie chaque nom de la 1ʳᵉ colonne aux compléments du nom de la 2ᵉ colonne.

Un chapeau •   • de voyage
            • de soleil
Des sculptures •   • en bronze
            • de sport
Un sac •   • en plâtre
            • de paille

3 Pour chaque mot en gras, souligne les adjectifs qualificatifs en bleu et les compléments du nom en rouge.
- Une longue **nuit** d'hiver.
- Un chaud **matin** de printemps.
- Les **feuilles** vertes du chêne.
- Une grande **forêt** de montagne.
- Un **visage** blanc de clown.
- Une gentille **sorcière** de **conte** de fées.

4 Complète ces phrases en ajoutant des adjectifs ou des compléments du nom.
Dans l'herbe .... un escargot cherche sa nourriture. Il aime les feuilles de .... et les jeunes pousses. Sa coquille est une protection très ...., elle lui sert de maison. La lenteur de l'............... est bien connue.

Pour compléter un nom, s'il y a la préposition **de**, il faut la faire suivre d'un autre nom, sinon emploie un adjectif qualificatif.

5 Transforme les groupes nominaux selon l'exemple suivant :
Un jour pluvieux → Un jour de pluie.
- Un bonbon mentholé → Un bonbon à ....
- Un temps printanier → Un temps de ....
- Un tissu soyeux → Un tissu en ....
- Une place villageoise → Une place de ....
- Un chant espagnol → Un chant d'...............

Corrigés p. 8

Plus d'exercices et de conseils sur www.hatier-entrainement.co

CONJUGAISON 14 — Employer le passé composé ou l'imparfait

JE SAIS DÉJÀ
Conjuguer les verbes au passé composé et à l'imparfait.

JE COMPRENDS
Quand on raconte une histoire qui se déroule au passé, on peut employer soit l'imparfait, soit le passé composé. Le passé composé rapporte une action précise, limitée dans le temps et terminée.

Il **faisait** beau, soudain il **a plu**.
imparfait — passé composé

CONSEILS PARENTS
Rappelez à votre enfant qu'il ne suffit pas de savoir conjuguer les verbes correctement, il faut aussi les utiliser à bon escient.

★ 1 Souligne les verbes au passé composé.
- Quelqu'un a pris le stylo que je viens d'acheter. • Je me suis baigné quand la mer était haute. • Il s'est bien essuyé les pieds avant d'entrer. • Nous avons emporté les livres que vous nous avez recommandés. • Ces oiseaux sont partis avant l'automne.

★★ 2 Complète le tableau.
- J'ai pris froid et je suis enrhumé.
- Tous les matins, il prenait des céréales au petit déjeuner.
- Il a perdu ses clés et a dû appeler un serrurier.
- Tu es parti juste avant que l'orage n'éclate.
- Il neigeait depuis longtemps, la montagne était toute blanche.

Verbes conjugués au passé composé : action terminée et limitée dans le temps	Verbes conjugués à l'imparfait : action qui dure ou qui se répète

★★ 3 Emploie les verbes au présent ou au passé composé.
• Tu t'es beaucoup entrainé, maintenant tu .... (être) le meilleur. • Hier nous .... (emprunter) des livres à la bibliothèque. • Aujourd'hui j.......... (avoir) de la chance, j..................... (recevoir) un superbe cadeau pour mon anniversaire. • Nous .... (visiter) le musée avant de quitter la ville.

★★★ 4 Emploie les verbes entre parenthèses au temps qui convient.
C'.......... (être) le printemps, il y a longtemps. Le soldat .... (arriver) sans prévenir au village. Quelle joie cela .... (être) un peu partout ! Il y a des années qu'il .... (partir). Les habitants .... (s'approcher) de lui. Ils lui .... (demander) ce qu'il avait fait pendant tout ce temps.
Il leur .... (répondre) qu'il avait fait la guerre.

Prononce le texte à haute voix et écoute si le passé composé ou l'imparfait fonctionne mieux.

Corrigés p. 8

BRAVO ! Tu as fini le chapitre 14.
Rendez-vous sur le site www.hatier-entrainement.com pour encore plus d'exercices et de conseils !

Mémo Chouette

Auxiliaires		1ᵉʳ groupe
PRÉSENT		
avoir	**être**	**parler**
j'ai	je suis	je parle
tu as	tu es	tu parles
il / elle a	il / elle est	il / elle parle
nous avons	nous sommes	nous parlons
vous avez	vous êtes	vous parlez
ils / elles ont	ils / elles sont	ils / elles parlent
IMPARFAIT		
avoir	**être**	**gagner**
j'avais	j'étais	je gagnais
tu avais	tu étais	tu gagnais
il / elle avait	il / elle était	il / elle gagnait
nous avions	nous étions	nous gagnions
vous aviez	vous étiez	vous gagniez
ils / elles avaient	ils / elles étaient	ils / elles gagnaient
FUTUR		
avoir	**être**	**appeler**
j'aurai	je serai	j'appellerai
tu auras	tu seras	tu appelleras
il / elle aura	il / elle sera	il / elle appellera
nous aurons	nous serons	nous appellerons
vous aurez	vous serez	vous appellerez
ils / elles auront	ils / elles seront	ils / elles appelleront
PASSÉ COMPOSÉ		
avoir	**être**	**créer**
j'ai eu	j'ai été	j'ai créé
tu as eu	tu as été	tu as créé
il / elle a eu	il / elle a été	il / elle a créé
nous avons eu	nous avons été	nous avons créé
vous avez eu	vous avez été	vous avez créé
ils / elles ont eu	ils / elles ont été	ils / elles ont créé